Carlo Manzoni:
Das MG im Dekolleté
Ein Super-Thriller

Deutsch von Maria Kern

Deutscher
Taschenbuch
Verlag

dtv

Von Carlo Manzoni
sind im Deutschen Taschenbuch Verlag erschienen:
Blut ist kein Nagellack (433)
Der Finger im Revolverlauf (123)
Der Hund trug keine Socken (590)
Der tiefgekühlte Mittelstürmer (364)
Die Lügengeschichten des Carlo Manzoni (646)
Ein Schlag auf den Schädel und du bist eine Schönheit (268)
100 x Signor Veneranda (737)
Jetzt regnet's Ohrfeigen (699)
Kein Whisky unter Wasser (805)

Ungekürzte Ausgabe
März 1973
Deutscher Taschenbuch Verlag GmbH & Co. KG,
München
Lizenzausgabe der Albert Langen · Georg Müller Verlags
GmbH, München · Wien
Titel der Originalausgabe: ›Con un Bacio ti brucio‹
Umschlaggestaltung: Celestino Piatti
Gesamtherstellung: C. H. Beck'sche Buchdruckerei,
Nördlingen
Printed in Germany · ISBN 3-423-00886-5

Das Buch

Nicht ganz freiwillig beginnt der Privatdetektiv Chico Pipa seine Laufbahn als 00 Superagent der geheimsten aller Geheimorganisationen. Mit Fernsehkamera im Nasenknorpel, Antenne im Barthaar, Sender in der Ohrmuschel und einigen weiteren technischen Finessen ausgerüstet, schlittert er in eine ganz große Sache, die zunächst so harmlos und routinemäßig mit einem Toten in der Auslage eines Antiquitätengeschäftes beginnt. Ist es verwunderlich, wenn sein kriminalistischer Spürsinn hier mehr wittert als einen bloßen Mord, zumal die Leiche bei Eintreffen der Polizei verschwunden ist? Was hat es mit dem Fliegenpapier für eine Bewandtnis, das ihm sein vierbeiniger Partner Greg gebracht hat? Auf die richtige Fährte und in eine Reihe grotesker Situationen führt ihn der Telefonanruf eines jungen Mädchens, dem man angeblich seine Fliegen gestohlen hat. Daß es sich um Atomstechmücken gehandelt hat, kann Pipa zu diesem Zeitpunkt noch nicht wissen, denn das Mädchen ist seit jenem mysteriösen Anruf verschwunden... »Ein neues Prachtstück in der Reihe humoristischer Kriminalromane, in denen Manzoni auf amüsante Weise diese literarische Gattung parodiert.« (Rhein-Zeitung)

Der Autor

Carlo Manzoni, 1909 in Mailand geboren, studierte zunächst Medizin, dann in Abendkursen Architektur und Zeichnen an verschiedenen Hochschulen. Als Maler nahm er aktiven Anteil an der Bewegung des Futurismus. 1936 begann er zu schreiben, zunächst satirische und humoristische Aufsätze für Zeitungen und Zeitschriften, später auch Stücke für Theater und Fernsehen. Er ist Mitbegründer der satirischen Zeitschrift ›Bertoldo‹. Berühmt wurde er vor allem durch seine Kriminalparodien.

Inhalt

Neuntes Kapitel

Zehntes Kapitel

Erstes Kapitel

Ein Schaufenster, für das niemand außer mir Interesse zeigt – anscheinend haben die Leute statt des Hirns kaltes Eis im Kopf.

Salve, Sportsfreunde! Ewig lang haben wir uns nicht gesehen. Ja, ja, ich weiß, es ist einzig und allein meine Schuld, daß ich zwei Jahre lang aus dem Verkehr gezogen war, aber dies ist nicht der richtige Moment, Ihnen das Warum und Wieso zu berichten.

Später erzähle ich Ihnen alles; ich ziehe nämlich gerade um und habe deshalb keine Zeit für Klatsch und Tratsch. Natürlich übersiedeln wir alle beide, ich und mein Partner Gregorio Scarta.

Eigentlich ist es überflüssig, Sie näher über meinen Mitarbeiter zu informieren, Sie kennen ihn ja schon: Gregorio Scarta, für seine Freunde Greg, der beste Polizeihund der Welt, der mir in den verzwicktesten Fällen zur Hand geht, eigentlich zur Pfote, weil Sie von mir schon einen wirklich korrekten Stil erwarten können.

Aber wenn ich es gar zu genau nehme, werde ich nie fertig. Also, ich sagte schon, daß wir beim Übersiedeln sind. Wir verlagern uns vom »Ghirigoro« ins »Dimmiciao«. Das »Ghirigoro« und das »Dimmiciao« sind zwei Lokale, die Bourbon und ähnliche Flüssigkeiten ausschenken. Sie wissen ja, wie man's macht: Einer kommt herein und sagt: Ich möchte einen doppelten Bourbon oder einen Gin mit ein paar Zwiebeln drin, oder eine superkonzentrierte Grappa. Da ist dann ein Spezialist, der die jeweilige Flasche nimmt und einschenkt.

Im Grunde brauche ich Ihnen das nicht alles von A bis Z vorzukauen, ein wenig können Sie Ihre Fantasie auch anstrengen, nicht? Ich habe diesen Umzug beschlossen, weil ich im »Ghirigoro« bereits alle Barhocker angewärmt habe. Ich brauche endlich eine frische, mit Ozon angereicherte Sitzgelegenheit: Ich sitze mit meinen vier Buchstaben nicht gern im Warmen.

Das »Dimmiciao« liegt hundertfünfzig Meter weiter vorne in der gleichen Straße und sogar auf dem gleichen Trottoir, ich muß also nicht einmal die Straße überqueren.

Zwischen den beiden Lokalen gibt es ungefähr ein Dutzend Geschäfte aller Art, aber das ganze Zeug in den Auslagen interessiert mich nicht, also schlendere ich geruhsam dahin, die Hände in den Hosentaschen und die Augen gerade nur so weit offen, um den mir entgegenkommenden Leuten nicht gegen das Schienbein zu treten.

Und Leute gibt's zu dieser Nachmittagsstunde mehr als genug. Es ist fünf Uhr und zu dieser Zeit haben sich die guten Bürger, wenigstens die mit guten Zähnen, angewöhnt, Vitamine, Proteine und sonstige »ine« zu kauen und die Mägen mit den nötigen Kalorien zu versorgen, um bis zum nächsten Auftanken durchzuhalten. Greg geht »immer an der Wand lang« und läßt, wie gewöhnlich, keine Ecke aus. Des öfteren findet er ein ganz besonderes Parfum, dann bleibt er zu einem Kontrollgeschnüffel stehen, aber das stört mich nicht. Ich kümmere mich um meine Angelegenheiten und er sich um seine.

Nach kaum dreißig Schritten muß ich meine Augen auf eine Blondine einstellen, die mir entgegenkommt: Ein eher auffallendes Wesen in einem grasgrünen Etwas, dessen Stoff Stahldraht sein muß: Die Blondine scheint bei jedem Schritt auf dem Trottoir überzuquellen, was sie aber nicht sonderlich kümmert. In ihrem Schatten eine andere Blondine, die ich kaum mit einem halben Seitenblick streife, wogt sie plaudernd daher.

Nicht daß dieses Vorgebirgsmassiv mich sonderlich interessiert: Für meinen Geschmack kommen achtzig Kilo zuviel auf mich zu, aber im Ganzen gesehen fesseln diese überwältigenden Massen doch den Blick so, daß ich, als dieses wandelnde »Cap verde« an mir vorbei ist, den Kopf so weit drehen muß, um konstatieren zu können, ob die Rückseite ebenso großzügig konstruiert ist.

Und ausgerechnet in diesem Augenblick verirrt sich dieser Seitenblick in die Auslage eines Antiquitätengeschäftes. Mein Seitenblick hat sofort auf »Alarmstufe I« geschaltet und blokkiert dadurch mein ganzes Ego. Ich bleibe angenagelt und mit offenem Mund stehen, stelle dann mein Geschau auf die richtige Sehschärfe ein und als ich sicher bin, daß mein Seitenblick richtig gesehen hat, atme ich tief durch.

»Teufel, Teufel«, sage ich.

Das »Cap verde« bleibt stehen und beäugt mich.

»Meinen Sie mich?« fragt sie.

Dann bemerkt sie, daß meine Augen stur auf die Auslage gerichtet sind, und wendet ihren Blick nach dort.

Ich mache einen Seitensprung, damit sie mich beim Hinfallen nicht zermalmt, aber sie wird gar nicht ohnmächtig. Sie blinkert ein wenig mit den Augendeckeln, geht näher und zieht ihre Freundin nach.

»Donnerwetter!« sagt sie, »der muß aber schon sehr antik sein. Ich hätte ihn gern für meine Diele, gleich neben der Eingangstüre. Was meinst du, Pizina?«

»Aber geh, Sodoma«, sagt die Andere, »was machst du mit einem Lampenschirm, der nur aus Löchern besteht? Und wer weiß, was der kostet!«

»Ist eigentlich wahr«, sagt das »Cap verde« und zieht einen Seufzer aus ihrer Oberweite, der beinahe die Auslagenscheibe zertrümmert, »aber schade ist's doch, ich bin ganz wild auf Antiquitäten.«

Man möcht's nicht glauben, Leute, und ich täte es auch nicht, wenn ich nicht dabeistehen und zuhören würde.

Ich schaue mir noch einmal die zwei weiblichen Wesen an, dann die Auslage. Ein Haufen Plunder ist da ausgestellt, lauter altes Zeug, verschimmelt, grünspanig, mit Schimmelpilzen garniert. Kleinmöbel, Truhen, geschnitzte Bilderrahmen, verstaubte Statuetten, Zigarettenetuis, Kästchen. Eine Aufstellung von all dem Zeug werde ich jedoch nicht machen.

Eine Stehlampe aus bemaltem Holz steht auch da mit einem Putto, der eine Art Kerzenleuchter hält. Aber dies alles ist nicht der Blickfang dieser Auslage.

Das Ding mittendrin hat nichts mit Antiquitäten zu schaffen. Sein Alter, das kann ich Ihnen flüstern, übersteigt kaum fünfundvierzig Jahre.

Ein Toter, liebe Freunde. Ein schöner Toter, malerisch hingestreckt auf einem alten, mit rotem Samt überzogenen Fauteuil. Die Beine ausgestreckt, die Arme herunterhängend, den Kopf gegen die Rücklehne gestützt. Mit aufgerissenen Augen blickt er himmelwärts. Er trägt einen hellgrauen Anzug, ein weißes Hemd mit himmelblauer Krawatte, schwarze Schuhe und blaue Socken. Seine dunklen Haare sind mit viel Brillantine nach hinten geklebt.

Er dürfte so um die fünfundsiebzig Kilo wiegen und einssiebzig groß sein.

Aber er ist tot, Freunde, vom Scheitel bis zu den Zehen mausetot, so tot, wie nur eine Leiche sein kann, der aus dem Hemd der Griff eines Dolches ragt, vier Finger breit links von der Krawatte. Und ich täusche mich nicht, denn ich weiß genau, wie Tote aussehen.

Und diese zwei Gänse bewundern den Lampenschirm und merken nichts.

»Aber zum Donnerwetter«, rutscht mir heraus, »sehen Sie denn den dort nicht?«

»Wen denn?« fragt das Vorgebirge.

»Vielleicht«, sagt die Andere, »meint er den Mann dort auf dem Fauteuil.«

»Was hat er denn?« fragt das »Cap verde«.

»Aber der ist doch tot!« schreie ich, »sehen Sie denn nicht, daß er mausetot ist?«

»Na, ich hab's gesehen! Was ist denn das für eine Art?« sagt das Vorgebirge und retiriert, wie wenn ich ihr angedroht hätte, sie aus ihrem Kleid zu stoßen.

»Komm, gehen wir, Sodoma«, sagt die Andere und hängt sich in ihren rechten Arm. »Armer Teufel! Wird ein Verwandter von ihm sein!«

Ich bleibe stocksteif stehen und warte auf eine Eingebung, um ihnen etwas Unpassendes nachzurufen, aber es kommt keine.

Die zwei Geschöpfe gehen nun knapp an den Häusern entlang. Wer weiß, über was sie sich unterhalten.

Ab und zu dreht sich eine von ihnen um und wirft einen Blick auf mich. Ich betrachte die Menschen, die an der Auslage vorbeikommen. Keiner bleibt stehen.

Alle gehen stur weiter, und es soll mir nur ja keiner sagen, daß nicht einer von ihnen bemerkt, was sich da innerhalb des Schaufensters befindet; man müßte schon hartgekochte Eier statt Augen im Kopf haben, um dieses Etwas nicht zu bemerken, und nicht einmal dann. Einen so total Toten wie diesen würde man auch mit den Ellbogen oder dem unteren Teil der Wirbelsäule wahrnehmen können.

Tatsache, daß sich in unserer Welt von heute niemand mehr über irgend etwas wundert. Es gibt keine Aufregungen mehr, keine Überraschungen, kein Interesse für nichts.

Die Männer schauen gerade noch die Frauen an, die Frauen die Kleider der anderen Frauen und damit basta. Was alles übrige betrifft, könnte einer auch mitten auf einer Hauptstraße die Gedärme eines Zimmermanns entwirren und sie sich um den Hals schlingen, nicht einer würde auch nur ein Auge riskieren. Höchstens bliebe der eine oder andere stehen um zuzuschauen. So wie man das macht, um die Arbeiten an der neuen U-Bahnstrecke zu begutachten.

Heutzutage müssen die Menschen Trockeneis im Kopf haben anstelle des Gehirns.

Ich sehe manch einen die Auslage betrachten und dann weitergehen.

Greg saust heran, und als er vor dem Laden ist, bremst er mit den vier Pfoten und preßt die Schnauze an das Auslagenfenster.

Ich bin sicher, er denkt dasselbe wie ich, weil er die Zähne fletscht, sich umdreht und mich anschaut.

»Reg dich nicht auf«, sage ich, »so ist die Welt heutzutage, und wir zwei können sie auch nicht umkrempeln.«

Ich habe noch nicht ausgeredet, als sich ein Typ neben mich stellt.

Er ist in Hemdsärmeln und muß ein Gärtner sein, denn er hält einen Topf mit einer Grünpflanze umarmt, deren Blätter ihn am Ohr kitzeln.

Er schaut eine Weile den Toten an und wendet sich dann mir zu.

»Der ist tot«, bemerkt er.

»Allerdings«, sage ich.

Na also, wenigstens einer, den das interessiert.

»Ist wohl sehr teuer?« fragt er.

»Warum gehst du nicht hinein und fragst?« sage ich.

»Ich denk nicht dran«, sagt er, »ich hab nicht einmal das Geld, mir eine Flasche Bier zu kaufen und dann ... Was soll ich mit einem Toten machen?«

Er verlagert den Blumentopf von einem Arm in den anderen und betrachtet weiter die Auslage.

»Aber der Anzug ist nobel«, sagt er, »es würde schon dafürstehen, ihn wegen dem Anzug zu kaufen.«

Meine Hände ballen sich automatisch zu Fäusten, aber ich entspanne mich gleich wieder.

»Wenn du weiter so viel redest, wird dein Blumenstock verwelken«, sage ich.

»Nur das nicht!« ruft er aus. Er wirft einen Blick auf den Blumentopf und saust davon.

Mir kommt die Idee, daß es sich um einen künstlichen Toten handeln könnte: Heutzutage vollbringen sie ja wahre Wunderdinge aus Plastik. Aber diese Idee schleicht sich sofort wieder aus meinen Gedanken, hinterläßt aber einen ganzen Haufen Fragen, auf die ich liebend gern die Antworten haben möchte.

Wer ist der da? Wer hat ihn kaltgemacht? Warum? Und wer hat die skurrile Idee gehabt, ihn in diese Auslage zu setzen?

Ich müßte es machen wie die anderen: weitergehen, vor allem, weil mich an der nächsten Ecke mein Bourbon erwartet, aber ich bin halt anders konstruiert als die braven Bürgersleute.

Noch ist Treibstoff in meinem Tank, und ich kann das Nachfüllen noch etwas verschieben. Ich öffne also die Tür und trete ein.

Greg folgt mir.

Ich muß meine Augen auf äußerste Sehschärfe einstellen, um unterscheiden zu können, was da alles um mich herum steht und liegt.

Die Sonne berührt gerade noch die Füße des Toten in der Auslage, überall sonst ist auf den ersten Blick tiefste Nacht. Als sich die Augen jedoch an diese Finsternis gewöhnt haben, sehe ich ganz ordentlich.

Ich habe den Eindruck, in eine Dachkammer verschlagen worden zu sein, in der ein ganzer Lastwagen voll altem Gerümpel abgeladen ist. Ich muß aufpassen, wo ich hintrete, um nicht Bilderrahmen, Lüster, durchgesessene Fauteuils, kaputte Möbel und noch alles Mögliche und Unmögliche zum Einsturz zu bringen.

Eine Katze ist auch da, die, kaum sieht sie Greg, davonrennen will, aber dann erinnert sie sich, daß sie ausgestopft ist, und bleibt unbeweglich sitzen.

»Hallo«, sage ich, »ist denn niemand hier?«

Greg wirft einen Blick auf die Katze, und ich höre endlich im Hintergrund des Geschäftes etwas knarren.

Ich kann im Halbschatten zwei Gespenster unterscheiden, die auch Mann und Frau sein können, aber sicher bin ich über ihre Geschlechtszugehörigkeit nicht: Auf den ersten Blick scheinen die beiden Figuren ganz gleich, aber als es mir endlich gelingt, die Details zu unterscheiden, merke ich, daß es sich um zwei lebende oder quasi lebende Wesen handelt, die ohne Zweifel aus der Zeit einer der vielen Louis-Epochen übrig geblieben sind, die unweigerlich zitiert werden, wenn man eine alte, wurmstichige, verschrammte Truhe erstehen möchte. Sicher waren sie einmal Mann und Frau, aber die Zeit hat die Unterschiede verwischt und, zieht man nicht ihre Kennkarten zu Rate, kann man nicht mehr unterscheiden, wer er ist und wer sie.

Ich konstatiere auch, daß sie ganz gleiche Bewegungen haben und daß ihre Gelenke knacken wie trockenes Holz. Sie leben sicher schon ein paar Jahrhunderte zusammen, und jetzt, da sie unmittelbar vor mir stehen, sehe ich auch die Spinnweben, die beide zusammenhalten. Unter dem Staub, der sie bedeckt, sieht man deutlich die Holzwurmlöcher, die wie ein Heer von Sommersprossen ihre Gesichter bedecken. In sie hat die Zeit tiefe Furchen eingegraben.

Der primitivsten Logik nach müßten sie schon seit einer ganzen Weile tot und begraben sein. Aber Logik ist in unseren Tagen nicht mehr modern.

»Der da«, sage ich und deute mit dem Kopf auf den Toten, »ist er verkäuflich?«

»Oh ja«, sagt einer der lebenden Leichname. Ich weiß aber nicht, wer von beiden gesprochen hat. Vielleicht alle beide.

»Hören Sie zu«, sage ich, »ich bin kein Marsmensch, sondern lebe seit meiner Geburt in dieser Gegend und kann Ihnen versichern, daß mir schon allerhand untergekommen ist, aber so etwas noch nie.«

Die beiden nicken bejahend mit den Köpfen und verziehen ihre Münder in einer Art, die fast an ein Lächeln denken läßt.

»Das glauben wir gern«, sagt einer der Friedhofsentsprungenen, »es handelt sich auch um ein einmaliges Objekt von großem Wert. Der Griff ist aus feinstem, ziseliertem Silber, wie Sie ja sehen können. Er war im Besitz des Herzogs Mastice Duralluminio, einem berühmten Heerführer des dritten Jahrhunderts«, fährt die gleiche Stimme fort; oder vielleicht ist es auch die andere, »und er wurde von Bulini selbst nach den genauen Maßen seiner Hand angefertigt. Seine Signatur befindet sich darauf, Signore.«

Ich werfe einen scheelen Blick auf den Dolchgriff, dann schnupfe ich ein paarmal auf, um meine roten Blutkörperchen zu beruhigen, die im Begriff sind, mir ins Gesicht zu springen.

»Und haben Sie den Dolch da hineingesteckt?« sage ich und berühre die Schulter des Toten.

»Wir? Niemals!« sagt eines der beiden Gespenster, »das Objekt wurde uns heute morgen zugestellt, und wir haben es, so wie es ist, in die Auslage getan. Um ein Kunstwerk dieses Genres auszustellen, gibt es eigentlich keine wirkungsvollere Methode, schon wegen der Art des Sujets, meinen Sie nicht auch, Signore?«

»Allerdings«, sage ich.

Ich gehe näher, um einen Blick auf das Dolchfutteral zu werfen, das auf einem Fauteuil daneben liegt, aber mehr als vorher weiß ich dadurch auch nicht.

Rund um den Dolch ist auf dem weißen Hemd ein wenig eingetrocknetes Blut und sonst nichts. Das Hemd sieht ganz neu aus, und auch der Anzug ist tadellos: Die Bügelfalten sind scharf, wie wenn der Tote den Anzug eben erst angezogen hätte.

Dem ersten Augenschein nach, den Anzug nicht eingerechnet, sieht der Tote nicht unbedingt taufrisch aus: Es dürften mindestens vierundzwanzig Stunden vergangen sein, seit er zum letzten Mal Luft geholt hat. Mein erster Impuls ist, meine Hände in seine Taschen zu stecken, um zu sehen, was drin ist, aber meine grauen Zellen werden plötzlich wach und veranlassen mich, diese Idee in den hintersten Gehirnwinkel zu verbannen. Besser, die Nase nicht in diese Geschichte stecken. Für diese Arbeit gibt es Nasen nach Maß, deren Brötchengeber der Staat ist.

So lege ich die Hände hinter meinen Rücken und wende mich den beiden Dreiviertelleichen zu.

»Also gut«, sage ich, »ich möchte zu gern eine Menge Dinge wissen: Wer der dort ist, wo er herkommt, wer ihm diesen kostbaren Gegenstand in die Nähe seiner Krawatte gepflanzt hat, aber besser nicht. Die Geschichte geht mich nichts an.«

»Schade«, sagt einer der Friedhofsentsprungenen.

»Wir können Ihnen die Echtheit des Objekts garantieren«, sagt der andere.

»Das bezweifle ich nicht«, sage ich, »wenn mich auch das Drumrum wesentlich mehr interessiert. Aber ich kenne jemanden, der für derartige Dinge eine wahre Leidenschaft hat. Wenn ich ihn anrufe, durchbricht er sogar die Schallmauer, um schneller da zu sein. Hier haben Sie seine Telefonnummer.«

Ich reiße ein Blatt aus meinem Notizbuch und schreibe die Nummer der Polizeizentrale auf.

»Lassen Sie sich diese Gelegenheit nicht entgehen«, sage ich, »mein Freund heißt Tram. Rufen Sie ihn an, solange Sie noch dazu imstand sind.« Ich lege den Zettel auf ein Tischchen voller Porzellanfiguren. Dann schnalze ich mit den Fingern, um meinen Partner herbeizuzitieren. Ich mache die Türe auf und drehe mich um.

»Außerdem«, sage ich, »ist er Leutnant, Leutnant Tram.«

Greg ist nicht zu sehen, also werfe ich, bevor ich den Laden verlasse, einen Blick rundherum. Im Schatten von einem Haufen Bilderrahmen bemerke ich ein Etwas, das vorher nicht da war: einen Hund, einen unbeweglich sitzenden Hund, eine Pfote erhoben und den Kopf leicht zur Seite geneigt.

Er blinzelt mir zu: Es ist Greg.

Wenn er »ausgestopfter Hund« spielt, soll das heißen, daß er die Absicht hat, seine Schnüffelnase in diese Affäre zu stecken.

Um so schlimmer für ihn.

Ich gehe auf die Straße hinaus und denke wieder an meinen eigenen Kram.

Und Sie wissen ja, was am dringendsten für mich ist: das Rendezvous mit einer Flasche Bourbon, deren Verschluß abzuschrauben ich schon gar nicht mehr erwarten kann.

Sollen sie alle zum Teufel gehen: die Killer und die Gekillten und zum Teufel auch, wer den Gekillten in eine Auslage verfrachtet hat, als ob er ein ganzer Schinken oder ein Laib Käse wäre.

Und auch die sollen zum Teufel gehen, die sich nur um ihren eigenen Kram kümmern, wie ich das eben tue.

Aber ich habe wirklich keine Lust, mit meinem Schädel gegen den Leutnant Tram oder den Sergeant Kautschuk zu rennen. Seit über zwei Jahren habe ich sie nicht gesehen, und ich kann Ihnen versichern, daß mir diese Tatsache nicht ein einziges Mal Sodbrennen verursacht hat. Über ihr Aussehen hat sich in meinem Gedächtnis eine Mattscheibe gelegt, daß ich sie, im Falle einer Begegnung, nicht einmal wiedererkennen würde.

Ich fülle meinen Tank bis obenhin und gehe.

Dann verschwinde ich in einem türkischen Bad und lasse mich eine gute Stunde schmoren. Ich muß auf meine Linie achten, weil ich bei meiner derzeit sitzenden Lebensweise eine Gewichtszunahme befürchten muß, und das würde unweigerlich bei meinen ganzen technischen Einbauten Defekte hervorrufen.

Es ist acht Uhr vorbei, als ich mich im »Fritto e Frutto« vor ein überdimensionales Beefsteak setze und, als ich gerade den letzten Bissen verdrücke, meine Kinnspitze zu jucken anfängt.

Ich weiß, was das heißt.

Und jetzt, liebe Freunde, ist der Moment gekommen, daß ich Ihnen berichte, wo ich die letzten zwei Jahre, fast so lange war das, zugebracht habe.

Zweites Kapitel

Eine Einladung, die mich ein paar Zähne kostet – ich mache eine überraschende Urlaubsreise und zu meinem Glück bin ich nicht kitzlig.

Es sind etwas über zwei Jahre, daß Sie nichts von mir gehört haben.

Und nicht nur Sie.

Auch für einen Haufen Delinquenten war ich verschwunden, und so konnten sie die schlimmsten Instinkte, die in ihren Gehirnen schlummern, nach Herzenslust austoben. Vom Gentleman-Delikt zum Raub, vom Überfall bis zum Kidnapping.

In diesen zwei Jahren oder mehr konnten sie ihre Ehefrauen, Freundinnen, reichen Erbtanten in Stücke zersägen oder Milliardäre, Opas, eifersüchtige Ehemänner und Bankdirektoren in Schwefelsäure kochen. Ich war vom Erdboden verschwunden, und für alle herrschte, trotz der Allgegenwart des Leutnants Tram und seines Sergeanten Kautschuk vom Morddezernat, volle Handlungsfreiheit.

Ich will damit nicht sagen, daß die Herren vom Morddezernat nicht auf Draht sind; aber es kommt leider vor, daß die Herrschaften auf der anderen Seite der Gesetze noch cleverer sind als der Leutnant Tram, dem man einen großen Fehler anlasten muß: Er ist überzeugt, daß er sich nie irrt.

Aber überlassen wir den Leutnant seinen Überzeugungen und kehren wir zu unseren Angelegenheiten zurück. Machen wir diesen vermaledeiten Sprung über ungefähr zwei Jahre nach rückwärts und begeben wir uns in mein Büro.

Sie wissen ja, daß ich ein Büro habe mit allem Drum und Dran: Schreibtisch, Aktenschrank, grünledernen Fauteuil und Schreibmaschine.

Auf der Glastüre steht in goldenen Lettern:

PRIVATDETEKTEI CHICO PIPA
& GREGORIO SCARTA

Ich bin der Inhaber, und Greg ist mein Partner. Greg nennen ihn meine Freunde. Wie Sie wissen, ist er der beste Polizeihund der Welt, und wir sind, auch was den Bourbon betrifft, aus der gleichen Schule hervorgegangen.

Dank dem Eingreifen eines weiblichen Monumentalgeschöpfes namens Fetta d'Anguria habe ich meine vom Leutnant Tram konfiszierte Lizenz zurückerhalten. Ich sitze in meinem Büro und bin gerade dabei, dieses kostbare Dokument in eine neue Zellophanhülle zu verstauen und diesem schrecklichen Abenteuer ein paar Erinnerungsschlucke nachzusenden*, als sich die Türe öffnet und so um die hundert Kilo Menschenfleisch hereinkommen, korrekt gekleidet, weißes Hemd mit schmalen blauen Streifen und blaue Krawatte mit ebensolchen breiten, gelben.

Außerdem trägt er noch ein Grinsen, das ihm von unter dem Hut bis in die Nabelgegend reichen muß.

»Salve«, sagt er, während er die Tür zuhaut und dann zwei Scheiben Rinderfilet, jedes ca. ein Kilo schwer, auf die Schreibtischplatte stützt.

Ich schaue sie mir an: Die Nägel sind gepflegt, und am Ringfinger der linken Hand trägt er einen goldenen Reif.

»Mein Lieber«, sage ich, »wenn du jemanden suchst, dem du mit deinen Muskelpaketen imponieren willst, bist du an der falschen Türe.«

Er nickt mit dem Kopf und grinst weiter.

»Ich weiß«, sagt er, »ich weiß alles. Ich bin hier, um dich abzuholen, und es ist mir auch bekannt, daß du ein Typ bist, der nicht viel Geschichten macht. Wenn du nicht gutwillig mitkommst, muß ich es halt auf die harte Tour probieren. Fangen wir gleich an?«

»Was soll die Geschichte mit dem Abholen?« frage ich.

»Da sind ein paar Leute, die dich sehr gern mögen«, sagt er, »und die sich vorstellen können, daß du es mit ein paar Nullen zu einem Supermonstertyp bringen könntest, deshalb bieten wir dir eine Gratis-Sommerfrische an.«

»Du bist aber kein Supermonstertyp an Klarheit«, sage ich, »deshalb kann ich dir gleich flüstern, daß ich weder ein paar Nullen, noch eine Sommerfrische brauche. Für meinen Bedarf bin ich mir Supermann genug. Klar?«

»Absolut klar«, sagt er und hebt eines der Rinderfiletstücke, um es mir ins Gesicht zu pflanzen, aber ich hebe meinerseits eine Hand.

»Einen Moment«, sage ich, »muß das sein?«

* Chico Pipa hat vor seinem Verschwinden noch einen abenteuerlichen Fall aufgeklärt; dieser Super-Thriller wird demnächst erscheinen.

»Obligatorisch ist es gerade nicht«, sagt er, »aber es wäre nur dein Vorteil, wenn du ohne viel Geschichten mitkämst.«

»Warum versuchen wir's nicht andersrum: Die mich so gern mögenden Herren könnten auf ein Plauderstündchen in diese Räumlichkeiten kommen, der grüne Fauteuil ist recht bequem.«

Er dreht sich um und schaut meinen Lehnstuhl an. Ehe ich dazukomme, aufzustehen, hat er ihn bereits zu Kleinholz verarbeitet. Die Trümmer wirft er in den Papierkorb, wendet sich dann wieder mir zu und schaut mich an.

»So bequem, wie er war, ist er jetzt nicht mehr«, meint er.

»Jetzt hast du die Lunte angebrannt«, sage ich und versetze ihm einen Handkantenschlag auf die Kinnlade. Eigentlich hätte ich mir auf dieser gußeisernen Fratze sämtliche Handknochen brechen müssen; stattdessen entgleitet mir eine Kinnlade, und der Kopf dieses Troglodyten dreht sich im Überschalltempo wie ein Kreisel um sich selbst. Dabei gibt er Töne von sich, so zwischen Pfeifen und einem nicht salonfähigen Geräusch.

Mit erhobenem Arm stehe ich da und schaue mir diesen sonderbaren Mechanismus an; das Pfeifen hört mit einem Schlag auf, der Kopf rührt sich nicht mehr, nur der Hut macht noch ein paar Drehungen, ehe auch er stehen bleibt.

Ich sehe, daß er genau so grinst wie vorher.

»Hat's dir gefallen?« fragt er, hat aber noch nicht das Fragezeichen hinter seinen Satz gesetzt, als der Kotflügel eines Lastwagens sich im Hundertkilometertempo meiner Kinnlade nähert und ich den Boden unter den Füßen verliere. Ich lande in der Nordecke meines Büros und hebe, einen nach dem anderen, sechs Zähne auf, die ich auf den Teppich gespuckt habe.

»Da liegt noch einer«, sagt er und schiebt mir mit der Fußspitze noch einen zu, »sieben sind's im ganzen.«

Ich sammle auch diesen auf, erhebe mich dann in aller Ruhe, lade meinen Arm mit den ganzen, mir noch verbliebenen Energien und verpasse ihm einen Volltreffer im Gewicht von zwei Tonnen in seinen dicken Bauch.

Ich fühle, daß meine Faust ungefähr zehn Zentimeter tief in einer Art Schaumgummi versinkt. Ein langgezogenes quiii ... ist zu hören wie bei gewissen Puppen aus Plastik oder aus was-weiß-ich, wenn man sie auf den Bauch drückt.

Und dieser Typ verlagert sich nicht um einen Millimeter, Leute. Er steht da und fährt fort, mir ins Gesicht zu grinsen.

»Das ist noch gar nichts«, sagt er.

Er knöpft seine Jacke auf und entblößt sich auf einer Seite. Ein kleiner Schlüssel steckt in seiner Hüfte, genau so einer, den man benützt, um ein Spielzeug aufzuziehen.

Er dreht ihn also einige Male und spaziert dann mit kleinen Schrittchen los, steigt die rechte Zimmerwand hinauf und geht, den Kopf nach unten, die Zimmerdecke entlang.

»Salve«, grüßt er, als er an mir vorbeikommt.

Er überquert den Plafond, steigt links wieder herunter und bleibt vor dem Schreibtisch stehen.

Mir fehlt sogar die Luft, um ein halblautes »Teufel, Teufel« auszustoßen.

»Ich könnte weitermachen«, sagt er, »aber mein ganzes Repertoire brauche ich dir wohl nicht vorzuführen. Ich denke, das reicht.«

Endlich funktioniert mein Blasebalg wieder, aber es kommt nur ein geflüstertes »Donnerwetter« heraus.

Wenn man keinen Ausweg sieht, muß man mitspielen und den richtigen Moment abpassen, sich aus der Schußlinie zu trollen. »Also gut«, sage ich, »sag mir endlich, wer du bist, und spuck aus, was du auszuspucken hast.«

»Einverstanden«, sagt er, »viel habe ich dir nicht zu sagen, aber das Wenige kannst du hier ebenso gut erfahren.«

Er macht die Türe auf, schaut hinaus, schließt sie dann ab und klaubt meine Zähne zusammen, die ich auf dem Schreibtisch deponiert hatte.

»Mach dir nichts draus«, sagt er, »die sind ohnehin längst überholt. Heut macht man viel bessere.«

Er wirft meine Beißerchen in den Papierkorb, dann schiebt er sein Maul ungefähr zwölf Zentimeter an mein linkes Ohr.

»Geheimagent 00Josef«, bläst er mir ins Ohr, »aber die Nullen habe ich seit ein paar Jahren zu Hause gelassen. Jetzt nennt man mich nur Josef und basta.«

Er hat immer noch sein Grinsen aufgesetzt, aber mit etwas weniger Zucker als vorher.

»Ich war der beste 00 der ganzen Blase«, fährt er fort, »aber dann habe ich geheiratet, und nach und nach ist ein halber Waggon Kinder eingetroffen. Wenn ich mich nicht verrechne, sind es bis jetzt sechs, und so haben sie mir ein herzhaftes ›Ciao‹ nachgerufen und mich gefeuert, aber erst habe ich meine ganzen Mechanismen für den Hausgebrauch umarbeiten lassen. Meine

Kleinen unterhalten sich großartig damit. Aber, wenn du alles ganz genau wissen willst, könnte ich mich auch setzen, erlaubst du?«

»Setz dich nur«, sage ich, »wenn du aus den Bröseln im Papierkorb wieder einen Sessel zaubern kannst.«

Er zuckt die Achseln, nimmt eine kleine Schachtel aus der Tasche, macht sie auf, steckt eine Pille in den Mund und gurgelt ein paar Mal, wie wenn er den Mund voll Wasser hätte.

Als er das ganze Manöver beendet hat, dreht er sich um und spuckt auf den Boden. Ich sehe, daß er mit der Schuhspitze auf die Spucke tritt, höre eine Art Summen, während aus dem Fußboden ein Rohr herauswächst, das wie Metall aussieht. Es biegt sich am oberen Ende zurecht mit Rücklehne, Seitenteilen und formt sich zu einem Sessel mit allem Drum und Dran.

Er setzt sich bequem hinein und kreuzt die Beine.

»Apropos«, sagt er, »ich sehe deinen Partner nicht.«

»Er ist auswärts«, sage ich, »er hat seine Gattin zum Friseur begleitet; ihr Schweif braucht neue Dauerwellen.«

»Ah so«, sagt er und greift mit der Hand unter die Achsel, aus der er eine Pistole hervorzieht. Er schießt sich eine Karamelle in den Mund und zielt dann auf mich.

»Willst du?« fragt er. »Minzenbonbons.«

»Nein, danke«, sage ich. »Bourbon ist mir lieber.« Ich nehme die Flasche und mein Glas und gieße mir ein. »Und du? Nichts?«

»Nichts«, sagt er und zeigt auf die Pistole; »die hat schon eine Unmenge Bonbons ausgespuckt, aber was früher herauskam, waren mitnichten Minzenbonbons, mein Sohn!«

Er seufzt und steckt die Pistole wieder unter die Achsel. »Auch diese Mechanik habe ich auswechseln lassen«, sagt er.

»So also«, sage ich, »haben sie dich gefeuert.«

»Nicht eigentlich. Ich bin nicht ganz draußen. Ich bin noch z. b. V. (zur besonderen Verwendung), aber nur für risikolose Arbeiten. Wenn du einmal Familie hast, lassen sie dich nicht mehr in einen swimming-pool voll kochend heißem Wasser springen, du mußt am Rand stehen bleiben.«

»Und sie haben sich vorgestellt, daß sie mich zum Hineinspringen zwingen können«, sage ich.

»Keinerlei Zwang, soweit mir bekannt ist. Es scheint, du hast die Leute mit der Art, wie du gewöhnlich deine Arbeit abwickelst, sehr beeindruckt, und deshalb haben sie beschlossen, dir ein schönes Geschenk zu machen. Körperlich bist du nämlich nicht auf der Höhe.«

»Laß gut sein«, sage ich, »körperlich bin ich absolut fit.«

»Denkst *du*!« ruft er aus. »Zwischen dir und einem Neandertaler ist kein Unterschied. Du taugst höchstens zum Babysitter. Wenn du in unserer heutigen Welt nur die Nase aus deinem Schneckenhaus heraussteckst, zerbröseln sie dich in Atome.«

»Bis jetzt hat mich noch keiner zerbröselt«, sage ich.

»Ich könnte es«, sagt der Agent 00 Josef, »aber ich habe versprochen, mich auf deine Zähne zu beschränken, denn die müssen sowieso gezogen werden.«

Ich versuche so ruhig zu bleiben, wie ich kann: Dieser Typ da ist ein Berg voll Überraschungen, und die ganze Sache beginnt mich zu interessieren.

»Und wer sind die Leute, die mich so gern mögen?« frage ich.

»Hast du je von der C. I. C. C. I. A. gehört?«

Ich schüttle verneinend den Kopf.

»Es ist die geheimste aller Geheimorganisationen«, sagt er, der Agent 00 Josef. »Sie hat ihre Agenten auf dem ganzen Erdball, und das Schönste ist, daß ein Agent oft selbst nicht weiß, daß er Agent der C. I. C. C. I. A. ist. Ich z. B. habe es erst nach zwei Jahren erfahren, als ich ein chinesisches Transistor-U-Boot in der Badewanne fand. Aber reden wir nicht von meinen Abenteuern. Diese Organisation hat die Aufgabe, nicht nur die militärischen Geheimnisse zu überwachen, sondern auch jeder Überraschung von seiten anderer Nationen zuvorzukommen.«

»Spionage«, sage ich, »nennen wir das Kind beim Namen.«

»Wenn es dir Spaß macht, können wir es auch so nennen. Ich ziehe vor, sie als Geheime Informationsquelle zu bezeichnen, da ihre Tätigkeit praktisch unbeschränkt ist. Ein Mann steht an der Spitze der Organisation, und ich kann dir versichern, daß es sich um eine ganz ungewöhnliche Persönlichkeit handelt: Sein Vater war eine Betonsäule und seine Mutter ein Computer. Keiner weiß, wo er lebt, und nur in ganz seltenen Fällen nimmt er persönlichen Kontakt auf mit seinen Agenten. Kann sein, daß du ihn zu sehen kriegst, aber garantieren kann ich nicht.«

»Und wo kriege ich ihn zu sehen, wenn ich ihn zu sehen kriege?«

»Im Hauptquartier der C.I.C.C.I.A., aber frag mich nicht, wo das ist, ich weiß es nämlich nicht. Es könnte hier um die Ecke sein, vielleicht aber am Nordpol oder in Katanga. Findest du nicht, daß wir viel Zeit verlieren mit unnötigem Geplauder?«

»Ich habe immer noch nicht verstanden, was ich mit deiner C. I. C. C. I. A. zu schaffen haben soll«, sage ich. »Ich bin freiberuflicher Privatdetektiv und von niemandem abhängig. Meine Freiheit ist mir viel wert, und ich habe keine Absicht, ein Spion deiner Organisation zu werden. Niemand kann mich zwingen, meinen Beruf zu wechseln. Wenn die mir einen Auftrag geben wollen, kann ich ihn annehmen – wenn er mir paßt.«

»Keinerlei Auftrag«, sagt er. »Niemand hat die Absicht, dir einen anderen Beruf aufzuzwingen; das kann ich dir absolut und in aller Form zusichern. Wenn dir aber der Capo eines Tages eine Mission anvertrauen möchte, kann er das bei deiner heutigen Kondition nicht. Und das würde ihn gewaltig ärgern, denn er schätzt dich sehr.«

»Ich bin gerührt«, sage ich, »wenn du in der Tonart weitermachst, kommen mir die Tränen.«

»Halt die Luft an!« sagt er. »Ein paar Nullen vor deinem Namen könnten dir sehr zupaß kommen. Mit denen reist du auf Nummer Sicher. In deiner jetzigen Kondition bist du aber zu angriffsgefährdet, und kein Mensch mit nur einem Gramm Hirn würde dir einen Auftrag zuschanzen. Und dann, entschuldige, die ganze Chose kostet dich ja nichts. Sie denken an alles. In ein paar Monaten richten sie dich her, daß du allein eine ganze Armee bist mit Panzern, Kriegsflotte, Radiosender und -empfänger, Geheimwaffen, Elektronengehirn und was es sonst noch alles gibt. Heutzutage fabrizieren sie Radioempfänger und -sender, die kleiner sind als ein Stecknadelkopf, und Fernsehgeräte, die in einem Reiskorn unterzubringen sind. Wenn die Gelehrten sich dann mit der Medizin und Chirurgie zusammentun, schaffen sie einen Menschen, zu dem du im Vergleich als Normalverbraucher in deinem jetzigen Zustand verteidigungsunfähiger und schwächer bist als ein abgehäutetes Karnickel.«

Er macht eine Atempause und fährt dann fort.

»Da schau her!«

Er sucht mit den Fingernägeln ein Barthaar und zieht es ungefähr zwanzig Zentimeter heraus.

Dann steht er auf und steckt mir seinen kleinen Finger ins Ohr.

»Donnerwetter!« sage ich. »Die Beatles!«

»Hast du gehört?« sagt er, nimmt seinen Finger heraus und läßt das Barthaar wieder zurückgleiten.

»Das ist die Antenne für die subkutane Radiostation«, sagt er, »sie bedient auch den Fernseher, wenn es dich interessiert. Jetzt reicht's aber, 00 Pipa, ich kann Windstärke 9 nicht länger warten lassen. Wenn er sich ärgert, schlingert er noch ärger als sonst.«

»Windstärke 9 wäre also der Boß?« frage ich.

»Allerdings«, sagt er. »In Wirklichkeit heißt er Zia, Dr. Zia, aber wir nennen ihn Windstärke 9. Eines seiner Beine ist kürzer als das andere, und darum hinkt er. Wenn er geht, sieht er aus wie ein Schiff bei hohem Seegang: Windstärke 9.«

Er reißt die Türe auf und hängt ein Plakat über unser Firmenschild. Ich lese, was drauf steht: »Wegen Renovierung des Firmeninhabers geschlossen.«

»Sie haben wirklich an alles gedacht«, sage ich.

Ich hole ein paarmal tief Luft und stehe dann auf.

Wenn die das alles mit mir machen wollen, werden sie wohl einen Grund haben, denke ich mir und, da ich ein neugieriger Mensch bin, mache ich mit, auch weil es mir keinen Spaß machen würde, diese Type da vor mir die Treppe hinunterzufeuern. Dabei könnte alles Mögliche passieren, sogar daß er mir zwischen den Fingern explodiert.

Ich gehe also hinaus, wobei mir beim Abschließen der Türe mein Partner Greg einfällt.

»Einen Moment«, sage ich, »und mein Partner?«

»Schick ihn in Urlaub«, sagt er, »wenn du zurückkommst, kannst du ihn ja wieder zu dir nehmen, wenn du möchtest. Ihm können wir, wenigstens für den Augenblick, keine Null voransetzen.«

»Das tut mir leid, ich kann wohl nichts dagegen tun.«

Wir kommen auf die Straße hinunter. Am Trottoirrand steht ein Prest, der ganz danach aussieht, als ob er gepanzert wäre. 00 Josef setzt sich ans Steuer, und ich lasse mich neben ihm nieder.

Wir fahren zur »Fledermaus«, dem Lokal, wo ich normalerweise meinen Bourbon-Vorrat ergänze und in dem Fernanda, die Freundin meines Partners, zuhause ist. Ich lasse die Büroschlüssel bei Erçole und sage ihm, daß er Greg bis zu meiner Rückkehr bei sich behalten soll. Fernanda wird über diese Regelung glücklich sein.

Als ich auf die Straße komme, steht der Agent 00Josef neben dem Wagen und öffnet mir die hintere Türe.

»Steig hinten ein«, sagt er, »wir verabschieden uns jetzt. Ich bring den Wagen zu einer gewissen Stelle und lasse ihn dort. Ein anderer wird dich holen kommen.«

Ich steige ein. Er lehnt sich an die hintere Türe und schaut mich mit einem nicht endenwollenden Seufzer an. »Ich würde gern mit dir zusammen arbeiten«, sagt er, als er ausgeseufzt hat.

»Ich habe ja schon einen Partner«, sage ich, »und du hast deine Familie.«

Er zuckt die Achseln.

»Man muß ja nicht immer sein Fell riskieren«, sagt er, dann grinsend: »Wer weiß, ob wir nicht früher oder später wieder zusammenkommen!«

»Ja, wer weiß«, sage ich.

»Schönen Urlaub, Genosse«, sagt er noch, dann setzt er sich ans Steuer, und ich sehe, wie die Fenster sich ganz langsam in die Höhe schieben.

Eins ist sicher: ich sitze in der Falle, die Türgriffe sind blockiert, und das Trennfenster zwischen Vorder- und Rücksitzen ist bestimmt aus transparentem Stahl. Übrigens genau wie die Seitenfenster.

In der linken Seitentasche finde ich eine Flasche Bourbon.

Ich verleibe mir die richtige Dosis Treibstoff ein.

Wir fahren. Der Verkehr ist stark, aber ich höre auch nicht die geringsten Geräusche. Vollkommene Stille.

Noch sehe ich die Straßen, Wagen, die uns fast streifen, Leute, die dahinrennen, dann senkt sich langsam eine Art Nebel über mich.

Weißer Nebel, der immer dichter wird.

Die Häuser der Stadt verschwinden, auch der Rücken des Agenten 00Josef, der am Steuer sitzt. Er wird so dicht, daß ich nicht einmal mehr meinen ersten Jackenknopf sehen kann.

Und innerhalb des Wagens breitet er sich aus, nicht draußen.

Ich versuche, mit den Augen so nahe als möglich an das Seitenfenster zu kommen, aber es ist, als ob ich durch weißgestrichenes Glas schauen wollte.

Ich fühle, daß er das Tempo im Fahren erhöht, in den Kurven langsamer wird, auch die kleinsten Unebenheiten der Straße entgehen mir nicht, trotz der ausgezeichneten Federung. Wie lange geht's noch weiter? Die Fahrt scheint kein Ende zu nehmen.

Endlich bleiben wir stehen.

Ich versuche die Türe aufzumachen, aber die Klinken sind immer noch blockiert. Ich klopfe an die Trennscheibe, kriege jedoch keine Antwort.

Und keiner kommt, keiner läßt mich heraus.

Ich habe den Eindruck, in einer weißen Wolke ganz allein im Weltall zu sitzen.

»Was für ein blöder Witz!« schreie ich.

Aber ich höre nicht einmal meine eigene Stimme.

Verdammt nochmal, wie wenn ich Watte in den Ohren hätte!

Ich weiß nicht, wie lange ich so dasitze. Ich bin nicht einmal imstand, die Zeit von meiner Armbanduhr abzulesen, so nahe ich sie auch an meine Augen halte.

Mein Tastsinn lenkt mich zur Bourbonflasche, und ich lasse sie nicht mehr aus den Händen, damit nicht auch noch sie vom Nebel verschluckt wird.

Es vergehen zwei, vielleicht auch drei Stunden, sicher weiß ich nur, daß die Flasche nur mehr ein Viertel voll ist – weil ich die Schlucke gezählt habe –, als sich der Wagen in Bewegung setzt. Er kommt schnell auf Touren. Ich fühle noch, daß meine Augen sich schließen und die Flasche mir aus der Hand rutscht. Ich schlafe ein.

Ich weiß nicht, ob ich nach zwei Stunden, zwei Tagen oder zwei Wochen aufwache; jedenfalls befinde ich mich in einem weißen Zimmer im Zentrum des Tagungsortes der C. I. C. C. I. A.

Von diesem Augenblick an fühle ich mich wie ein Wurm. Wenn ich jetzt darüber nachdenke, wird es wohl dieser Nebel gewesen sein, der meinen ganzen Körperbau in diesen enervierenden Zustand brachte. Ich bin total kindisch geworden, und so bleibe ich die ganze Zeit über; nicht vielleicht vertrottelt, nein, hellwach wie eh und je mit tadellosen Reflexen, die blitzschnell reagieren.

Es ist der Charakter, der nicht mehr derselbe ist. Teufel, Teufel!

Ich sage zu allem ja, ich protestiere nicht, ich tue genau das, was man mir aufgibt und, was mich am meisten beunruhigt: Ich bin ganz zufrieden dabei!

Hie und da möchte ich liebend gern einer dieser trüben Figuren um mich herum die Fresse ausbügeln, aber dieser Impuls verflüchtigt sich sofort wieder, und ich fahre fort zu grinsen wie ein Blöder.

Und was für Leute sich um mich herum zu schaffen machen!

Gelehrte, Ingenieure, Chirurgen, Techniker aller Spielarten, Krankenschwestern, schöne und häßliche, alle in weißen Kitteln und mit Instrumenten jeder Art.

Alles, was sich in diesem außertourlichen Urlaub zugetragen hat, kann ich Ihnen nicht erzählen, das würde viel zu lange dauern, deshalb übergehe ich die Details und konzentriere mich auf die wichtigsten Begebenheiten, damit Sie den richtigen Eindruck bekommen.

Drei Monate lang tun sie nichts anderes als mich betrachten, mich von innen und außen fotografieren, mich wiegen, messen, meine Kopf- und Körperhaare zählen, mich anhören, meine Körperflüssigkeiten destillieren, meinen Puls, meinen Blutdruck, die Reflexe messen, die Augen, den Geruchssinn, das Gehör. Sie beschauen mich mit Mikro-, Tele-, Kaleidoskop, sie baden mich, sie trocknen mich ab. Dazwischen schreiben sie Zahlen auf, stellen Berechnungen an, verfertigen Zeichnungen, Prospekte, Projekte und was-weiß-ich-noch-alles.

Dann lassen sie mich für eine Weile in Ruhe, und ich hoffe schon, daß alles vorüber ist; Scheibenkleister, sie fangen wieder von vorne an.

Tatsächlich schmeißen sie mich nun erst in siedendheißes, dann in eiskaltes Wasser, stopfen mich in ein eisernes Rohr, hängen mich an den Füßen auf, pressen mich in eine Flasche, lassen mich mit einem Fallschirm abspringen, drücken mich zusammen, strecken mich, schießen auf mich, was aber noch lange nicht alles ist. Sie nehmen Maß, stellen wieder Berechnungen auf, machen Zeichnungen, Projekte usw. usw.

Weitere drei Monate behandeln sie mich wie einen leeren, verbeulten Benzinkanister, und ich Idiot lasse alles mit mir geschehen.

Dann geht's im Operolaboratorium los, das ist O. P. und Labor zugleich. Dort tauschen sie mir als erstes die Zähne aus, dann die Kniescheiben, schneiden hier und dort etwas weg, setzen etwas ein, nähen, trennen auf, bauen Nylon- und Plastikfäden ein, Plättchen, Transistorspulen und was noch alles.

Sechs Monate kitzeln sie mich an allen Körperteilen, daß ich meine, sterben zu müssen. Und ich lasse sie tun und lassen, was sie wollen: Bourbon habe ich im Überfluß, und alles übrige ist mir wurscht.

Einen Monat lang kann ich mich ausruhen, dann erscheint ein Typ, Physiker, Chemiker, Ingenieur und Chirurg zugleich: eine Art Fregoli unter den Gelehrten. Er beschaut mich Zentimeter um Zentimeter, scheint sehr zufrieden und stellt mich vor einen Spiegel.

Ein Meisterwerk! Nicht die kleinste Narbe sieht man mehr, und alle Organe funktionieren wie vorher, vielleicht sogar noch besser.

Kein Vielleicht! Wirklich besser als vorher.

»Sie haben gute Arbeit geleistet«, bemerke ich jovial.

Der Professor Fregoli lächelt und schlägt mich auf die Schulter.

»Jetzt brauchen Sie nur noch ein paar Unterrichtsstunden und etwas Praxis, damit Sie im Ernstfall eingesetzt werden können.« So beginnen die Lektionen vor meinem Faksimile in Lebensgröße, und ich lerne schnell.

Nach einer Lehrzeit von einem Monat ist mir, als ob ich mit all den Apparaturen in meinen Innereien geboren wäre. Leute, das Ganze ist ein Meisterwerk! Ich würde mich selber gern gegen das Schienbein treten, weil ich so begeistert bin. Mir fehlt nämlich noch immer das Ausschlaggebende: mein wirklicher Charakter, Leute, der mich auf die Palme bringen kann, wenn ich dazu aufgelegt bin.

»Sie sind einsatzbereit«, sagt Professor Fregoli eines Tages, »es fehlen Ihnen noch ein paar Fahrstunden, dann können Sie gehen.«

Vor der Tür der kleinen Villa finde ich meinen guten alten Blimbust. Äußerlich ist er noch der alte – aber innen, Kinder! Ich brauche eine ganze Woche, um alles zu lernen, was zu lernen ist, und dann endlich . . .

. . . werde ich eines Morgens wach und merke sofort, daß sich in meinem Gehirn eine Änderung angebahnt hat.

Ich werde mir nicht klar, um was es geht, aber dann, unter der Dusche, denke ich dran, daß ich zwanzig Monate dort war, ich denke an mein Büro mit den Goldbuchstaben auf der

Glastür, an meinen Partner Greg, an die lange Zeit, die ich ihn nicht gesehen habe, und mein Blutkreislauf hat wieder das richtige Tempo.

Ich verlasse die Dusche und brülle ein »Teufel, Teufel« heraus, daß alle schlafenden Teufel aufwachen müßten. Mit einem Fußtritt schmeiße ich das ganze Badezimmer zum Fenster hinaus.

Dann gehe ich ins Wohnzimmer und beglücke meinen Magen mit einem Glas Bourbon.

»Den möcht ich sehen, der mich noch in diesem verdammten Loch zurückhalten kann!« sage ich.

Ich ziehe erst die Hose, dann das Hemd an, nehme mein Jackett. Mein Charakter ist wieder da, Leute. Endlich fühle ich mich wieder wie »vor der Kur«. Ich mache die Türe auf und gehe hinaus.

Der Professor Fregoli steht da und grinst mich an.

»Dr. Zia erwartet Sie«, sagt er. Er macht die Lifttür auf und läßt mich eintreten.

Nach zwei Sekunden geht die Tür wieder auf. Ich befinde mich in einem großen Vorraum, und das erste, was ich sehe, ist ein himmelblaues Minikleid mit einer süßen kleinen Blonden drin, und ich steuere mit TEE-Tempo auf ihren Mund zu.

Kaum berühren ihn meine Lippen, durchfährt mich ein elektrischer Schlag, daß um ein Haar Kurzschluß entstanden wäre.

»Oha!« sage ich, »deine Anlage ist defekt. Da muß irgendwo ein Wackelkontakt sein.«

Sie lächelt mich an und macht eine Türe auf.

»Bitteschön«, sagt sie. Ich trete ein.

Das Studio ist von enormen Ausmaßen. Drei Wände bestehen aus hellblau lackierten Aktenschränken, die vierte Wand ist ein einziges Riesenfenster. Der ganze Boden ist mit einem nachtblauen Teppich ausgelegt. In der Mitte ein großer Diwan und drei Fauteuils in rotem Samt. Gegenüber dem Diwan ein gigantischer Schreibtisch, auch er aus Metall. An ihm sitzt ein Mann, der ebenfalls aus Metall sein könnte, auch wenn er nicht blau lackiert ist. Er trägt seine weißen Haare im Bürstenschnitt und einen Schnurrbart, der sich – »weißer geht's nicht« – von seinem gebräunten Gesicht abhebt. Er schaut wie dreißig aus, aber das glaube ich nicht: Ich bin fast sicher, daß er doppelt so alt ist. Er wiegt circa achtzig Kilo und dürfte einssiebzig groß sein.

Ich will gerade sagen: »Salve, Windstärke 9«, aber er hebt die Hand und pflanzt mir ein Paar Augen, hart wie Diamanten, ins Gesicht.

»Salve, Windstärke 9«, sagt er, »schon verziehen, wenn ich Ihren Charakter in Betracht ziehe, konnten Sie gar nichts anderes sagen. Ich brauche Ihr Gehirn nicht aufzumeißeln, um zu wissen, was Sie denken. Es würde Ihnen auch gefallen, mich am Kragen zu packen und mich nach Herzenslust abzustauben, aber ich rate Ihnen, Ihr Gehirn anzustrengen.«

Ich stehe da wie ein Stockfisch.

Er steht auf und grinst.

»Sie sind ein vollkommener 00Pipa geworden. Sie müßten sich bei mir bedanken.«

»Von mir aus«, sage ich, »ich mache also meine Danksagung, aber erzählen Sie mir nur nicht, daß Sie die ganze Arbeit um meiner schönen Augen willen machen ließen. Können Sie mir verraten, in welches Schlamassel Sie mich hineinzuwerfen gedenken?«

»Kein Schlamassel, mein Sohn«, sagt er, »Sie sind ganz Ihr eigener Herr und können sich, genau wie vorher, jedes Schlamassel, das Ihnen zusagt, selbst aussuchen. Aber wenn ich Sie eines Tages brauchen sollte, bin ich sicher, daß Sie nicht nein sagen. Ich habe Sie nun gesehen und bin vollauf befriedigt. Sonst haben wir uns nichts mehr zu sagen.«

Wie wenn der Teppich hohe Wellen schlagen würde, durchquert er schlingernd und stampfend das Studio und öffnet eine kleine Türe.

»Dieser Lift bringt Sie nach Hause«, sagt er.

Ich betrete die Kabine.

»Salve, Windstärke 9«, ist alles, was ich herausbringe, als die Türe sich schließt.

Ich merke, daß der Lift sich bewegt, und ohne jede Vorwarnung schlafe ich ein.

Als ich aufwache, sitze ich an meinem Schreibtisch im Büro. Mein erster Blick fällt auf die Bourbonflasche direkt vor meiner Nasenspitze. Ich gähne, gieße mir zu trinken ein und schaue mich um.

Alles ist in tadelloser Ordnung, wie vorher.

Auch mein grüner Fauteuil steht an seinem Platz.

Mir ist, als ob ich einen langen Schlaf getan hätte, Leute. Ich stehe auf, schaue im Papierkorb nach. Die Trümmer des grünen Fauteuils sind nicht mehr drin, aber ganz unten, zwischen Papierfetzen, liegen noch meine alten Zähne. Ich zähle nach: sieben Stück.

Es war also kein Traum.

Ich gehe zur Tür. Das Plakat mit dem Text »Wegen Renovierung des Firmeninhabers geschlossen« ist verschwunden. Nun gut, das Leben geht also weiter.

Ich schließe das Büro ab und gehe hinunter. Mein Blimbust steht an seiner gewöhnlichen Stelle.

Ich steige ein und fahre zur »Fledermaus«.

»Schau, wer da kommt!« ruft Er, kaum sieht er mich.

Mein Partner kommt hinter der Theke hervor, schaut mich einen Moment an und wirft dann seine Vorderpfoten um meinen Hals. »Ich habe eine 00-Kur gemacht«, sage ich, »ab heute müßt ihr mich 00 Pipa nennen.«

Auch Fernanda, Gregs Freundin, kommt zum Vorschein und mit ihr eine ganze Welpenlawine.

»Es sind acht«, sagt Ercole, »dein Partner ist Familienvater geworden.«

Ich schaue Greg an: In den zwei Jahren hat er etwas zugenommen. Ich streichle seinen Kopf.

»Meinen Glückwunsch, Bruder«, sage ich, »da muß ich also deinen Namen von der Firmentafel entfernen lassen – jetzt, wo du dir eine so große Verantwortung aufgehalst hast.«

Fast beißt er mir die Nase ab. Also gut, so sage ich ihm, daß sich nichts geändert hat zwischen uns, daß er mein Partner bleibt und daß wir unsere Arbeit wieder aufnehmen, sobald sich eine Gelegenheit bietet. Das beruhigt ihn.

»Paß gut auf ihn auf und bringe ihn nicht in Schwierigkeiten«, sagt Er, »ich möchte nicht zusätzlich auch noch den Haufen Waisenkinder am Hals haben.«

So wandere ich also wieder durch die Stadt, Greg hinter mir. Vor allem um den Leuten zu zeigen, daß ich wieder da bin und daß die Zeit des grünen Lichts für sie vorbei ist. Und noch nicht eine Woche ist vergangen, da stoße ich mit der Nase auf den Toten in der Auslage.

Und gerade, als ich mit meinem Beefsteak fertig bin, fühle ich ein Kitzeln an der Kinnspitze.

Drittes Kapitel

Begegnung mit alten Freunden, von denen keiner mich ernst nimmt – ein gewisses, recht anhängliches Papier tritt auf.

Mit dem Zeigefinger suche ich die unsichtbare Metallspitze, die wie ein Barthaar aus meinem Kinn sprießt.

Ich packe sie mit den Nägeln und ziehe vorsichtig dran. Ein Metalldraht, dünner als ein Nylonfaden, kommt aus meinem Kinn heraus, und je länger ich dran ziehe, desto weniger juckt es, bis es, als der Draht ungefähr zwanzig Zentimeter heraussteht, ganz aufhört.

Nun höre ich mit Ziehen auf, und der Draht steht fest und biegsam heraus wie eine Miniaturantenne.

Es ist auch eine, eine subkutane.

Ich stecke den linken kleinen Finger ins Ohr und lausche. »Idiot!« höre ich. »Ende.«

Ich nehme den Finger aus dem Ohr und lasse die Antenne durch leichten Druck wieder hineingleiten.

Ich fühle, wie eine dumpfe Wut mir aus allen Poren spritzt und daß meine geballte Faust sich mit einem Gewicht von mindestens vier Tonnen auf die Abschußrampe legt. Ich bremse sie rechtzeitig, als ich merke, daß kein Empfänger vorhanden ist.

Ganz sicher war das die Stimme von Windstärke 9, Freunde, jedoch habe ich nicht die leiseste Idee, wo er seinen Bau hat. Aber finden werde ich ihn! Dann, das schwöre ich, schicke ich ihm diesen neckischen Scherz in seine Eingeweide zurück.

Einstweilen behalte ich mir den »Idioten«, versuche ruhig zu bleiben und nicht aus der Haut zu fahren vor lauter Wut, auch wenn er mich maßlos aufregt und ich mir nicht erklären kann, was es mit dem radioübertragenen Idioten auf sich hat.

Was habe ich bloß falsch gemacht in den letzten Stunden?

Nichts, weil nichts falsch zu machen war, vorausgesetzt, es handelt sich nicht um den Toten in der Auslage. Aber dieser Tote kann nichts mit irgendeiner Privatinitiative meinerseits zu tun haben, das geht einzig und allein die Mordkommission an und nicht mich.

Warum soll ich mir noch darüber den Kopf zerbrechen, ich zahle und gehe.

Bevor ich heimgehe, schaue ich noch im Büro vorbei, ob es Neuigkeiten gibt.

Ich höre das Telefon läuten, verliere jedoch Zeit, bis ich den Schlüssel gefunden habe, und als ich endlich drin bin, hört das Gebimmel auf.

Keine Neuigkeiten: Ich bin ja erst kurz wieder da, Rechnungen können deshalb noch keine kommen: nur zwei Reklamesendungen von einer Reinigungsfirma und einem Lexikonverlag.

Von Greg keine Spur: Wenn er da gewesen wäre, hätte er mir sicher ein Zeichen hinterlassen. Wahrscheinlich ist er bei seiner Familie.

Ich kontrolliere den Bourbonvorrat und gehe.

Dieser Tag war viel zu dumm, um ihn noch um ein paar Stunden zu verlängern. Das Beste ist, ich lasse das Gitter herunter und lege mich, in Erwartung eines weniger dummen Morgen, schlafen.

Ich gehe heim.

Die Türe meines Appartements ist offen, und das Licht des Wohnzimmers erhellt einen Teil der Diele. Auf der Schwelle steht ein Mensch, auf diese Entfernung kann ich aber nicht unterscheiden, wer es ist.

Dann, als er sich umwendet und ins Zimmer hineinsagt »Da kommt er«, erkenne ich ihn.

Es ist die ach so melodische Stimme und alles übrige, was die Uniform bis zum Platzen füllt: der Sergeant Kautschuk.

»Störe ich?« frage ich höflich.

»Immer«, antwortet der Sergeant. »Du störst so lange, bis wir dir endlich die Lektion erteilen können, die du schon lange verdienst.«

Er geht aus der Schußlinie, und ich trete ein.

Ich sehe den Leutnant Tram, der sich aus der Sofaecke in die Höhe schraubt und die Hände in die Hosentaschen steckt.

»Na also«, sagt er, »da bist du ja wieder.«

»Behalte ruhig Platz«, sage ich, »ich bin ja bloß der Hausherr.«

»Wo warst du die ganze Zeit?« fragt er.

»Das geht dich nichts an«, sage ich, »jedenfalls bin ich nun wieder da, und wenn jemand nicht hier zu sein hätte, bist das du und dein Sergeant.«

Ich nehme die Bourbonflasche und fülle ein Glas.

»Richtig«, sagt er, »ich bin hereingegangen, weil ich es satt hatte, draußen vor der Türe zu warten. Ich wollte dich sehen, ehe du wieder abfährst.«

»Keinerlei Absicht, wieder abzufahren«, sage ich.

Tram schüttelt bedächtig den Kopf und steckt die Daumen in die Hosenträger.

»Es ist falsch, die Kur zu unterbrechen«, sagt er, »noch ein Jahr und dein Hirnkasten wäre wieder ganz in Ordnung.«

»Meiner Meinung nach haben sie einen Fehler gemacht, dich schon jetzt herauszulassen«, sagt Kautschuk.

Ich starre den Leutnant Tram an.

»Was denn für eine Kur?« frage ich.

»Tu doch nicht so«, sagt Tram, »es war nur logisch, daß du eines Tages durchdrehst. Du hast immer ein nervenzerfetzendes Leben geführt, und als du verschwunden warst, hat man eben angenommen, daß du entweder in unserer staatlichen Institution oder in der Klapsmühle gelandet bist. Im Gefängnis warst du nicht, weil wir das gewußt hätten, also ...«

»Also wäre ich deiner Meinung nach zwei Jahre im Irrenhaus gewesen«, sage ich.

»Kein Mensch hat Irrenhaus gesagt«, meint Kautschuk.

Ich trinke den letzten Schluck und werfe dann das Glas nach ihm. Kautschuk macht einen Sprung nach rückwärts und fängt das Glas im Flug auf, ehe es sich in der Nähe seiner Nase einbohren kann.

»Er wird gemeingefährlich, Leutnant«, sagt er.

Ich sehe, wie Tram in Fahrt kommt: Die Ohren sind schon ganz rot angelaufen, und um seinen Mund bilden sich häßliche Falten.

»Hör zu, Pipa«, sagt er, »bringen wir die Geschichte ins Reine: Entweder wolltest du mir wieder einmal einen blöden Witz anhängen, oder es stimmt wirklich nicht bei dir da oben«, wobei er mit dem Zeigefinger an die Schläfe klopft, »andere Möglichkeiten gibt's nicht. Du kannst wählen: Wenn es ein Witz sein soll, lege ich dir die Armbänder um und buchte dich ein. Los, such dir's aus.«

»Ich weiß überhaupt nicht, wovon du sprichst«, sage ich.

Tram ballt die Fäuste und stützt sie auf die Sofalehne.

»Du warst heute in einem Antiquitätengeschäft«, sagt er, »auf keinen Typ im ganzen Land paßt deine Personalbeschreibung, und keiner schreibt meine Telefonnummer wie du.«

Ich stehe da und starre den Leutnant Tram mit aufgerissenen Augen und offenem Mund an.

»Wenn es sich um die Geschichte in dem Antiquitätenladen handelt«, sage ich, »weiß ich wirklich nicht, wo da der Witz sein soll.«

Meine Aufrichtigkeit muß eminent wirkungsvoll ausgesehen haben, denn ich sehe, daß der Leutnant sich entspannt und seine Ohren wieder die richtige Farbe annehmen.

Ich schaue Kautschuk an, der schnappt nach Luft und leckt sich die Lippen.

»Scheinbar ist's doch kein Witz, Leutnant«, sagt er.

»Kein Witz?« fragt Tram.

»Warum diese Gesichter? Wenn ich sage, es ist kein Witz, dann ist's auch keiner, und ich verstehe vor allem nicht, warum es einer sein soll«, sage ich. »Wie soll ich das in eure Schädel hineinhämmern?«

»Ganz ruhig bleiben, sagt Kautschuk, »wir haben verstanden.«

»Einerseits bin ich zufrieden«, sagt Tram, »weil ich dich nur ungern bei mir in Pension genommen hätte, andererseits aber ... wenn es kein Witz ist, will das heißen, daß ... nun ja, daß du noch nicht ganz geheilt bist. So sieht's dann aus.«

»Teufel, Teufel«, presse ich mühsam zwischen den Zähnen hervor, »willst du dich wohl jetzt endlich ausquatschen?«

»Reg dich um Gotteswillen nicht auf!« sagt Tram.

»Besser, Sie reizen ihn nicht, Leutnant«, sagt Kautschuk, »in solchen Fällen reißt man mit der harten Tour gar nichts auf, man muß diplomatisch vorgehen.«

»Also gut, Pipa«, sagt Tram, »reden wir's aus, da es scheinbar doch kein Witz ist.«

»Vielleicht ist's besser, den ganzen Fall aufzurollen«, meint Kautschuk.

»Richtig«, sagt Tram, »jedenfalls schicke ich gleich voraus, daß der Fall für uns erledigt ist. Wie du darüber denkst, weiß ich nicht. Wenn du irgendwelche Zweifel hast, steht es dir frei, weitere Recherchen anzustellen. Wir hindern dich sicher nicht.«

»Wir würden keinen Finger rühren«, ergänzt Kautschuk.

»Machen wir's kurz«, fährt Tram fort. »Vor einer Stunde

komme ich in die Zentrale und finde dort einen Anruf für mich von einem Antiquitätenhändler. Ich rufe zurück. Der Mann bittet mich zu kommen, ehe es zu spät ist. Ich und Kautschuk gehen also hin. Zwei Alte erwarten uns und zeigen uns einen Dolch mit silbergetriebenem Griff, der als Blickfang auf einem seidenen Kissen in der Auslage ausgestellt ist. Sie sagen uns, daß einer ihn gesehen hat und daß ein Freund von ihm großes Interesse an solchen antiken Sachen hat, und dieser Dolch hier hätte ihn sicher vor Begeisterung überschnappen lassen. Der Freund dieses Menschen wäre ich, und ich solle den Dolch ganz schnell besichtigen, ehe ein anderer Dolch-Fan kommt und mir das kostbare Stück wegkauft.«

Ich beiße die Zähne zusammen und atme einmal tief durch.

»Lag er auf einem seidenen Kissen?« frage ich.

»Auf einem roten«, sagt Tram, »und dieses Kissen wiederum auf einem mit rotem Damast überzogenen Fauteuil in der Auslage.«

»Ein prächtiges Stück«, sagt Kautschuk, »wenn ich auch nicht wüßte, was damit anfangen.«

»Habt ihr das Geschäft durchsucht?« frage ich.

»Direkt durchsucht nicht«, sagt Tram. »Wir haben uns ein wenig umgesehen. Etwas mehr als uns nur umgesehen, würde ich sagen, wenn es auch keine systematische Hausdurchsuchung war. Jedenfalls war nichts zu finden, was für uns wichtig gewesen wäre.«

»Unser Interesse galt hauptsächlich dem Dolch«, fährt Kautschuk fort. »Es handelt sich immerhin um eine Waffe, auf die wir unsere Recherchen konzentrieren mußten, auch wenn der Griff ziseliert ist und sich deshalb große Schwierigkeiten wegen eventueller Fingerabdrücke ergeben. Wir haben uns vor Augen gehalten, daß du uns hast rufen lassen und schon deshalb der Dolch wichtig sein mußte.«

»Habt ihr die Leiche gefunden?« frage ich.

»Wir haben uns eigentlich gar nicht bemüht, sie zu finden«, sagt Kautschuk, und aus seiner Stimme ist deutlich herauszuhören, wie sehr er sich bemüht, nicht herauszuplatzen, »da wir den Namen des Mörders ja mit Sicherheit kennen.«

»Francesco Chiudebuso«, sagt Tram, »Kunstmaler unter Archivolti. Für uns ist der Fall abgeschlossen. Aber wenn du glaubst, daß irgendwas nicht stimmt, kannst du gerne deine Nase in die Geschichte stecken. Wir verbieten dir's sicher nicht.«

Er tut, als ob er sich die Nase putzen wollte, aber ich verstehe, daß er nur sein Grinsen tarnen will.

»Tja«, sagt Kautschuk, »vielleicht hilft dir der genaue Zeitpunkt des Mordes weiter. Auf die Minute genau war er allerdings nicht festzustellen, aber nach Aussage des Gerichtsarztes ist der Tod zwischen dem Frühjahr 1203 und dem Sommer 1206 eingetreten.«

Kautschuk rennt hinaus, und ich höre, daß er fast zerplatzt vor Lachen.

Tram kann sich beherrschen. Er steht auf der Schwelle und schaut mich an, wie wenn sich mein ganzer Körperbau plötzlich mit Blattern bedeckt hätte.

»Also so ist das«, kann ich mit Mühe zwischen den Zähnen hervorstoßen.

»Genau so«, sagt Tram. »Laß dir von einem guten Freund raten: Mach weiter mit deiner Kur.«

Er winkt mir einen Abschiedsgruß zu und macht die Türe auf, aber dann kommt ihm noch ein Gedanke und er bleibt stehen. »Ach entschuldige, Pipa, ich habe etwas vergessen«, sagt er, »während wir hier auf dich gewartet haben, habe ich einen Anruf für dich entgegen genommen. Von einem jungen Mädchen. Ich habe mich für deinen Sekretär ausgegeben, die Telefonnummer und ihren Namen aufgeschrieben. Schau, dort auf dem Tischchen liegt der Zettel. Scheinbar handelt es sich um etwas Wichtiges, weil sie gesagt hat, du sollst gleich zurückrufen. Sie haben ihre Fliegen gestohlen.«

»Was?« sage ich.

»Fliegen! Fliegen!« sagt Tram und macht mit der Hand die typische Fliegenfangbewegung.

Dann läuft er hinaus, und ich höre die zwei Idioten noch im Stiegenhaus brüllend lachen.

Ich nehme den Zettel vom Tisch: Ein Name steht drauf und eine Telefonnummer; ich schaue nicht einmal hin, drehe ein Kügelchen aus dem Zettel und werfe es gegen die Tür. Es ist nicht schwer genug. Auf halbem Weg fällt es auf den Teppich.

So also stehen die Dinge.

Sie haben den Kadaver aus der Auslage verschwinden lassen, und diese zwei Vollidioten glauben tatsächlich, daß ich nicht alle Tassen im Schrank habe. Und um sich auf meine Kosten weiter zu amüsieren, erfinden sie die Fliegen-Diebstahl-Story.

Strolche! Das werde ich ihnen heimzahlen, wenn der richtige Augenblick gekommen ist!

Einmalig ist die Geschichte schon, Leute! Da stellen sie einen Toten in einer Auslage zur Schau mit einem antiken Dolch in der Hemdbrust, Leute gehen vorbei, schauen vielleicht hin und gehen dann weiter. Ich bleibe stehen, lasse die Polizei rufen, und bevor die an Ort und Stelle ist, verschwindet der Kadaver ...

Und nach Meinung der Superschlauköpfe vom Morddezernat bin ich ein armer Irrer!

Irgendwer hat den Toten verlagert.

Es wäre logisch anzunehmen, daß die zwei uralten Ladenbesitzer ... Aber meine grauen Zellen protestieren sofort: Wenn es denen einfallen würde, auch nur einen Aschenbecher aufzuheben, lösen sie sich in ihre paar Bestandteile auf. Stellen wir uns das Ganze mit einem ausgewachsenen Toten vor!

Nachdem aber dieser Typ sich unmöglich allein fortbewegt haben kann, muß ihn jemand verlagert haben. Warum? Wer?

Blöde Fragen, sagen meine grauen Zellen, warum fragst du nicht erst, was der Tote überhaupt in dieser Auslage zu suchen hatte? Und warum haben die zwei Dreivierteltoten dem Leutnant nicht gesagt, daß um den Dolch herum auch ein Toter war, der dann verschwunden ist? Und du, warum hast du nicht alles dem Leutnant Tram erzählt?

Der »du« soll ich sein. Aber wenn ich Tram alles erzählt hätte, wäre ich postwendend mit Armbändern geschmückt in die nächste Klapsmühle geschafft worden.

Wenn die beiden Alten etwas wissen, wird es wohl aus ihnen herauszukitzeln sein.

Ein dünnes Stimmchen wispert mir aus einer Gehirnecke zu: Laß es gut sein, Pipa, kümmere dich um deinen eigenen Dreck! Aber es paßt mir einfach nicht, als irrsinnig verschaukelt zu werden, wenn ich es nicht bin.

Ich lösche das Licht, springe in meinen Blimbust und fahre zum Antiquitätenladen.

Zu dieser Stunde ist er geschlossen, aber neben dem Laden ist eine kleine, hölzerne Türe mit der Aufschrift: Wohnung.

Ich läute und warte.

Nach zwei Minuten öffnet sich ein Schlitz in den Fensterläden direkt über der Tür, und die zwei Dreivierteltoten schauen herunter.

»Ich war heute da wegen dem Dolch«, sage ich.

»Ah ja«, sagen sie im Chor, »kommen Sie herauf.«

Ich höre das Zurückschnappen eines Riegels, die Türe öffnet sich, und ich trete ein, steige eine schmale Holztreppe hinauf, während sich auf dem Vorplatz eine Türe öffnet. Die zwei Dreivierteltoten erwarten mich in einem Zimmer voll altem Zeug und Spinnweben.

»Erinnern Sie sich«, sage ich, »heute war mein Freund bei Ihnen wegen dem Dolch.«

»Oh ja, dieser Leutnant ist gekommen«, sagt einer der beiden, »alles wollte er über den Dolch wissen, aber gekauft hat er ihn nicht.«

»Wir haben wirklich gehofft, daß er ihn kauft«, fügt der andere hinzu.

»Der Dolch steckte doch in einer Leiche«, sage ich, »aber als der Leutnant da war, gab es keine Leiche mehr. Wer hat sie weggeschafft?«

»Zwei mit einem schwarzen Lastwagen haben sie abgeholt«, sagt ein Dreivierteltoter.

»Es waren zwei von einem Bestattungsinstitut«, sagt der andere, »sie waren in Uniform.«

»Wir waren froh, daß sie die Leiche fortgeschafft haben, sie war nicht einmal einbalsamiert. Nicht einbalsamierte Tote halten sich schlecht.«

»Warum haben Sie dem Leutnant nichts davon gesagt?« frage ich.

»Von dem Kadaver?« sagt einer der beiden, »wir haben nicht angenommen, daß ihn das interessiert. Es gibt doch so viele Tote!«

»Die Leiche war auch ganz wertlos«, sagt der andere, »der Dolch dagegen ist ein kostbares Einzelexemplar.«

Ich habe große Lust, sie am Kragen zu packen und sie gegeneinander zu stoßen, aber ich bin sicher, daß sie sich, auch wenn ich sie nur antippe, in ihre Bestandteile auflösen. So balle ich nur die Fäuste hinter meinem Rücken, damit sie nicht ohne meine Erlaubnis die Initiative ergreifen.

»Kann ich wenigstens erfahren, wie er da hereingekommen ist?« frage ich.

»Der Dolch?« fragt einer der Dreivierteltoten. »Zwei Leute haben ihn gebracht. Sie waren der Meinung, daß, mit dem Toten zusammen in der Auslage, der Dolch viel mehr die

Aufmerksamkeit des Publikums auf sich lenken wird. So haben sie ihn in die Auslage gesetzt. Hier ist auch die Fotografie des Dolches zusammen mit der großen Enzyklopädie über die Geschichte antiker Waffen.«

»Sie wissen also nicht, wer die zwei Leute waren!«

»Das wissen wir nicht. Wir wissen nur, daß der Dolch in der Galleggiante-Sammlung zur Versteigerung stand.«

»Wenn Sie ihn kaufen wollen, gehen wir gern ins Geschäft hinunter«, sagt einer der beiden.

»Lassen wir ihn lieber noch ein wenig antiker werden«, sage ich.

Ich ziehe mich zurück, springe die Stiegen hinunter und in meinen Wagen.

Es paßt mir immer weniger, daß dieser gehirnamputierte Tram sich auf meine Kosten amüsiert.

Salve Chico! Jetzt kommt das Debut von 00Pipa, Kinder, und wenn es auch nur um die Befriedigung ginge, dem Tram seine ganzen Blödeleien, die er mir ins Gesicht geblasen hat, wieder in den Schlund zurückzustopfen.

Der übrige Sinn oder Unsinn der ganzen Geschichte interessiert mich nicht, jetzt ist es an Tram, sich in den Antiquitätenladen zu stürzen und aus den Dreivierteltoten einiges herauszuquetschen.

Und er wird hingehen, sogar laufen, ich wette meine beiden Ohren, Leute, gegen die Trompete des heiligen Eustachius oder um die etwas neuere vom Nini Rosso, was Ihnen lieber ist. Kaum am Steuer, schaue ich mich um; die Straße ist verlassen, so kann ich mein Taschentuch herausholen und mir in Ruhe die Nase putzen.

Ich falte das Tuch auseinander und hole mit einer Pinzette eine kleine, flache, rechteckige Pastille heraus, die genauso aussieht wie die Lakritzendragées, die man im Drugstore an die Schulkinder verkauft.

Aber es ist kein Lakritzendragée, sondern ein Plättchen, das man bis zum Nasenknorpel einführt, der in direkter Verbindung mit dem Sehnerv ist. Dadurch funktioniert mein Auge wie eine Telekamera und alles, was ich sehe, wird auf dem Plättchen aufgezeichnet. Dann stecke ich es in den im Armaturenbrett eingebauten Detektor.

Detektoren habe ich noch zwei, einen zu Hause und einen im Büro. Sie sind als Feuerzeuge getarnt, die gut sichtbar auf meinem Schreibtisch und dem Nachtkästchen aufgestellt sind.

Wenn ich auf den Knopf drücke, zeigt sich der Bildschirm in Postkartengröße. Ich sehe auf ihm die zwei Dreivierteltoten, bei denen ich eben war. Ich lasse die Bilder schnell durchlaufen, bis die dicke Blonde in Grün auftaucht.

Dann schalte ich das Band rückwärts, bis auf dem Schirm der Antiquitätenladen erscheint. Langsam spule ich weiter. Ich sehe die zwei aus dem Schatten hervorschlurfen, sehe den Toten im Fauteuil, dem der Dolchgriff aus der Hemdbrust ragt, genau, wie ich alles vor ein paar Stunden erlebt habe.

Ich fixiere das Band an der richtigen Stelle, drücke dann einen Hebel herunter und zähle bis zehn.

Aus einem Schlitz unter dem Armaturenbrett schiebt sich langsam ein Foto in Postkartengröße heraus, tadellos scharf in allen Details.

Das Foto des Toten, im Fauteuil sitzend mit dem gut sichtbaren Dolchgriff in der Hemdbrust.

Gern würde ich das Gesicht des Leutnants Tram sehen, wenn er diesen Postkartengruß erhält.

Dann drehe ich den Film bis zur letzten Aufnahme durch, nehme mit der Pinzette das Plättchen aus dem Detektor und schiebe es mit der Kleinfingerkuppe wieder zutiefst in die Nase. Auf die Rückseite des Fotos schreibe ich: Der Mord wurde, nach Meinung des Leutnants Tram, zwischen 1203 und 1206 verübt.

Ich stecke das Foto in einen Umschlag, schreibe die Adresse von Freund Tram darauf, steige beim ersten Postkasten aus und werfe den Brief ein. Mein Gewissen ist beruhigt, ich kann nach Hause gehen und einen langen Schlaf tun.

Diesmal finde ich keinen Störenfried in meinen Lehnstühlen. Ich ziehe mich aus, dusche, bekleide mich mit einem Pyjama und sonst gar nichts, schenke mir eine gute Dosis Bourbon ein als Schlummertrunk und strecke mich auf dem Bett aus.

Mein Partner kommt mir in den Sinn, und ich frage mich, wo zum Teufel er abgeblieben ist. Ich habe ihn nicht mehr gesehen, seit er sich, bei meinem Weggang aus dem Antiquitätenladen, dort als »ausgestopfter Hund« niederließ. Er müßte schon längst bei seiner Familie sein, wenn er nicht wieder in irgendein Abenteuer hineingestolpert ist....

Ich nehme das Telefon und wähle die »Fledermaus«.

Sofort höre ich Ercoles Stimme brummen: »Verdammt... auch noch das Telefon... dieser Schweinehund... wer spricht?«

»Ciao, Er«, sage ich, »was zum Teufel ist los bei dir?«

»Ah, du bist's!« sagt Er, »hör zu, Pipa, wohin hast du eigentlich diesen Unglückswurm, den Greg, geschickt?«

Ich höre ein Gebell, wie wenn man eine Hundertschaft Hunde auf die Schwänze treten würde.

»Jetzt hör endlich auf, du dumme Gans!« schreit Ercole, »und ihr anderen alle, wollt ihr wohl Ruhe geben! Greg, dieser dümmste aller Hunde, ist vor einer Stunde dahergekommen und hatte mindestens ein halbes Dutzend Fliegenfänger um die Schnauze kleben. Kannst du dir vorstellen, was mit Fernanda und der ganzen Brut passiert ist?! Alle strotzen nur so von dem verdammten Papier, das überall kleben bleibt. Nicht einmal von meinen Fingern bringe ich es weg. Ich überlasse es deiner Fantasie, dir vorzustellen, wie das langhaarige Viehzeug ausschaut!« Ich muß lachen.

»Er wollte seinen Spaß haben mit der Familie«, sage ich.

»Wenn das ein Spaß sein soll, dann ein idiotischer«, schimpft Ercole. Dann höre ich sein Gebrumm nur noch entfernt unter dem Gebell der Hunde.

»Hallo, Er«, sage ich, »ruf mir Greg ans Telefon!«

»Greg ist nicht da«, sagt Er, »kaum habe ich ihm die verdammten Dinger abgemacht, war er wie der Blitz verschwunden, nicht einmal einen wohlverdienten Tritt konnte ich ihm mehr verpassen.« Ich unterbreche die Verbindung und stelle das Telefon auf den Tisch zurück. Es ist schon komisch, sich vorzustellen, wie mein Partner herumläuft und sich mit Fliegenpapier amüsiert.

Aber ist es wirklich nur ein Amusement? Oder steckt nicht doch etwas dahinter, das mit dem Toten in der Auslage zusammenhängt?

Ich habe ihn, getarnt als ausgestopften Hund, im Antiquitätenladen zurückgelassen. Leicht möglich, daß er sich denen, die den Kadaver abgeholt haben, an die Fersen geheftet hat. Aber wie zum Teufel ist er an das Fliegenpapier gekommen? Soll er schauen, wie er zurechtkommt. Mich geht die Sache nichts mehr an, und wenn er dem Leutnant Tram helfen will, von mir aus, ich habe keinerlei Absicht, mich auch noch mit Fliegenpapier zu bepappen.

Ich strecke mich aus und versuche einzuschlafen.

Irgend etwas müßte in meinem Gehirn ineinandergreifen – leider tut sich nichts.

Ich weiß nicht, was es ist. Ich fühle, wie sich die grauen Zellen wichtig machen, aber auch sie bringen nichts zusammen, nicht einmal mit Hilfe des Elektronengehirns, das in meiner rechten Kniescheibe eingebaut ist. Es weist alle Impulse und Beschleunigungen meines Normalhirns zurück.

Ich schlucke noch einen kleinen Bourbon und schlafe endlich ein.

Viertes Kapitel

Die Ameisen sind schuld, daß sich mein Partner eine Lungenentzündung holt – ich weiß nicht, worum es geht, aber die Geschichte kompliziert sich.

Ich werde wach und schaue auf die Uhr: Zehn Uhr. Mit wenigstens zwei Gläsern Bourbon im Rückstand.

Eines davon verleibe ich mir ein, ehe ich noch die Beine aus dem Bett schwinge.

Das köstliche Naß erweckt meine Muskeln zu Höchstform, aber das Gehirn ist noch umnebelt. Mein Gedächtnis läßt mich einfach im Stich, ich bin immer noch nicht imstande, die Lücke in ihm auszufüllen.

Ich lege eine Hand auf mein rechtes Knie, es fühlt sich fieberheiß an. Das Elektronenhirn muß die ganze Nacht gearbeitet haben, eine Antwort auf die Fragen meiner grauen Zellen hat es scheinbar auch nicht gefunden.

Dabei habe ich doch keinerlei Probleme zu wälzen, und die ganze Überstundenarbeit meiner Gehirnmasse ist komplett überflüssig.

Zum Teufel alle miteinander.

Das Telefon läutet.

Trams Stimme schießt aus dem Hörer und kitzelt mein Trommelfell. Er will wissen, wer der Tote in der Auslage ist, warum ich ihm nichts darüber gesagt und ihm das Foto nicht schon vorher gezeigt habe und wo die Leiche hingekommen ist. Jedenfalls erklärt er mich in Arrest wegen Unterschlagung wichtigen Beweismaterials, Beiseiteschaffung einer Leiche, Beihilfe zum Mord und Mordverdacht. Ich habe mich augenblicklich in die Zentrale zu begeben und meine Handgelenke mit seinen Armbändern garnieren zu lassen, wenn nicht, schickt er mir die Schwerverbrecherzelle mit doppelter Sicherung und allem frei Haus.

»Jetzt stinkt's«, sage ich, als er zu bellen aufhört, um Luft zu holen, »du müßtest deinen Kopf unter den Kaltwasserhahn halten. Warum, statt mich zu löchern, legst du den beiden Alten im Geschäft nicht die Daumenschrauben an?«

»Hab' ich ja!« brüllt Tram, »aber probier du einmal, zwei Sägespänehäufchen auszufragen!«

»Was soll das heißen, zwei Sägespänehäufchen?« frage ich.

»Das soll heißen, zwei Sägespänehäufchen! Einmal anpusten muß genügt haben, damit sie auseinanderfallen. Du hast nicht zufällig gepustet?«

»Spiel nicht Sherlock Holmes, Leutnant«, sage ich, »ich habe mit der ganzen Sache nichts zu tun – und das weißt du ganz genau.«

»Dann komm sofort her und beweise es mir!« brüllt Tram, »ich vertu' meine kostbare Zeit nicht auch noch damit, dich herholen zu lassen!«

Ich höre, wie er den Hörer auf die Gabel schmeißt und mache es ebenso.

Dann haben sie also die zwei Alten gekillt, um das Leben der armen, überforderten Mordkommission noch schwerer zu machen – sagt wenigstens Tram. Es könnte natürlich auch ein Windstoß gewesen sein. Im allgemeinen haben zwar die Naturgewalten kein Interesse, die Dinge zu verwirren. Manchmal aber setzen sie ihren ganzen Ehrgeiz darein, es doch zu tun.

Auf keinen Fall habe ich die Absicht, mich in die einladenden Räume der Zentrale hinüberzubegeben. Gerade als ich überlege, was ich mit meiner Zeit anfangen soll, spüre ich ein Klicken in meinem Gehirn.

Meinen grauen Zellen ist es mit Hilfe des Elektronengehirns gelungen, einen Zusammenhang herzustellen zwischen dem Fliegenpapier und dem, was der Leutnant gestern vor seinem Weggehen noch von sich gegeben hat: Fliegen!

Ja natürlich, irgendwer, ein Mädchen, hat angerufen, um mir zu sagen, daß man ihre Fliegen gestohlen hat.

So was Idiotisches konnte sich nicht einmal der Leutnant Tram einfallen lassen.

Auf dem Wohnzimmerteppich sehe ich noch das Papierkügelchen liegen, das ich gestern gegen die Türe geschleudert habe.

Ich hebe es auf und streiche es glatt.

Da steht: Manica Vengiò 2070.

Ich suche im Telefonbuch und finde: Professor Rimes Vengiò, Largo Cajenna 30, Tel. 2070.

Also ist die Geschichte nicht erfunden. Diese Manica hat tatsächlich angerufen. Die Fliegen hat der Leutnant wahrscheinlich dazu erfunden.

Und was für ein Zusammenhang besteht zwischen den von Tram erfundenen Fliegen und dem Fliegenpapier, das mein Partner in die »Fledermaus« gebracht hat? Ich wähle die Nummer 2070.

Ich höre das Freizeichen und warte. Eine Minute. Zwei Minuten. Noch eine Minute. Keiner antwortet.

Ich lege wieder auf.

Es muß ein Zusammenhang bestehen. Was wollte mir Greg mit diesen Fliegenfängern signalisieren?

Ich wähle noch einmal die Nummer und warte weitere drei Minuten. Mein Knie kühlt indessen ab.

Da ich nichts, aber auch gar nichts zu tun habe, kann ich ebensogut einen Sprung dorthin machen.

Nach einer halben Stunde bin ich im Largo Cajenna. Ich parke meinen Blimbust vor einem Gittertor mit der Nummer 30. Das Tor ist in eine hohe Mauer eingelassen, und diese wiederum umgibt einen großen Garten, in dessen Mitte eine Villa steht.

Ich läute die Glocke, aber das Gitter ist offen, und ich trete ein.

Eine große Rasenfläche ist da mit einigen Bäumen, dann das Haus im spanischen Stil, weiß mit grünen Fensterläden. Hinter der zweistöckigen Villa bemerke ich noch ein Gebäude, nur ein Stockwerk hoch, mit großen Fenstern. Den Abschluß bildet eine Garage.

Die Garage ist offen und leer. Kein Mensch weit und breit. Auch die Villa scheint ausgestorben. Die Türe gibt nach, als ich dagegendrücke.

Ich komme in ein großes Wohnzimmer.

»Niemand zu Hause?« rufe ich.

Nichts rührt sich, und wenn einer da war, hat er sich im Eiltempo verkrümmelt und dabei ein Tischchen umgeworfen. Auf dem Marmorfußboden liegen die Scherben von einem Glas.

Und ein Damenschuh auf der dritten Stufe der Holztreppe, die zum ersten Stock führt.

Ich lasse einen Pfiff los. Man verliert keinen Schuh, wenn man aus eigenem Antrieb weggeht.

Ich steige die Treppe hinauf. Eine Türe am Treppenabsatz ist offen. Ich trete ein.

Ein Schlafzimmer, das ganz nach einem Jungmädchenzimmer aussieht.

Das Bett ist gemacht, aber die Überdecke aus grüner Seide ist zerdrückt, als ob sich jemand darauf gewälzt hätte. Ein kleiner Sessel ist umgeworfen und eine verrutschte Teppichecke schaut unter dem Bett hervor.

Da hat sich scheinbar ein kleiner Kampf abgespielt.

Auf dem Kissen liegt das aufgeschlagene Telefonbuch. Am Boden ein roter Bleistift.

Das Fenster ist auf der Rückseite des Hauses, und auf eine Entfernung von ungefähr dreißig Metern sehe ich das andere, einstöckige Gebäude mit den großen Fenstern. Zwischen der Villa und diesem Gebäude ist ein Rasenplatz mit einem kleinen Swimmingpool in der Mitte.

In einer Sekunde habe ich alles gesehen und im Verlauf dieser Sekunde blockieren meine Atmungsorgane; mitten im Bassin schwimmt etwas! Mein Partner, Leute!

Mühsam hält er die Schnauze über Wasser. Mit ein paar müden Pfotenbewegungen läßt er sich dahintreiben. Durch das offene Fenster höre ich sein Winseln.

»Warum kommst du denn nicht heraus, Greg?« rufe ich. Ein Zucken durchläuft ihn, als er meine Stimme hört. Er schaut zu mir herauf, seine Augen sind wie erloschen. Und jetzt sehe ich, daß ungefähr drei Meter im Umkreis der Rasen ziegelrot ist, aber dieses Rot bewegt sich, verdammt nochmal!

Es sind Ameisen, Leute. Millionen und Millionen Ameisen, die das Bassin verteidigen.

»Halt aus, Greg!« rufe ich.

Wie der Blitz sause ich die Treppe hinunter und finde auch gleich den Hinterausgang. Ich überspringe die Stufe zu dem kleinen Fußweg, habe aber kaum den ersten Schritt auf den Rasen gemacht, als ich auch schon von einem Ameisenheer umgeben bin. Hunderte krabbeln meine Knöchel hinauf und verteilen sich innerhalb und außerhalb meiner Hosenbeine.

Ich hüpfe wieder auf den kleinen Weg zurück und stampfe mit den Füßen, die Ameisen fallen herunter und verziehen sich wieder auf den Rasen. Von keiner Seite kann ich an den Bassinrand kommen, ohne in diesem toll gewordenen Ameisenheer unterzugehen. Ich schaue mich um: Ich muß ein System finden zur Rettung meines Partners. Aber schnell muß es sein! Verdammt nochmal! Lang macht er's nicht mehr. Ich sehe die offene Garagentüre. Da drin sind sicher Benzinkanister.

»Ich komme, Greg!« rufe ich und renne an der Hausmauer entlang bis zu dem Kiesweg, der zur Garage führt.

Zwei oder drei leere Kanister werfe ich beiseite, bis ich endlich einen vollen finde.

Der Rasen erstreckt sich ungefähr vier Meter bis zum Bassin hin.

Ich schütte das Benzin bis zum Bassinrand auf die Ameisen und zünde es dann an.

Im Nu bildet sich ein breiter Feuerstreifen, und dann ist alles nur noch ein gigantisches Ameisengewurle, das sich in größter Hast auf den Rückzug von dem Flammenmeer macht.

Ich renne zwischen den Flammen, dem schwarzen Rauch und den brennenden Ameisen durch und springe in das Bassin.

Das Wasser reicht mir bis zum Nabel, ich richte mich auf und nehme Greg in die Arme.

Er ist vollständig fertig und liegt apathisch, ohne ein Lebenszeichen zu geben, in meinen Armen.

Das Benzin ist fast schon verbrannt, aber der Weg qualmt und prasselt noch. Ich muß noch einmal zurück, ehe das Feuer ganz erloschen ist. Diesseits und jenseits des Weges sind immer noch Millionen Ameisen, die sich nicht vertreiben lassen.

Mit dem Ellbogen wische ich die Schicht verbrannter Ameisen vom Bassinrand, schwinge mich dann hinauf, ziehe die Beine nach und stehe auf.

Ich laufe zu dem kleinen Weg hin und hole erst einmal tief Luft.

»Geschafft, Greg«, sage ich, »wie lange bist du schon in diesem verdammten Bassin?«

Mühsam öffnet er ein Auge, antwortet jedoch nicht.

»Seit gestern abend, möchte ich wetten.«

Ein langer Seufzer entschlüpft ihm, daraus kann ich schließen, daß er tatsächlich so lang drin war.

Eine ganze Nacht hat er sich, von den Ameisen belagert, über Wasser halten müssen, und die verdammten Bestien haben sich nicht weggerührt.

Ein Zittern durchläuft ihn.

Ich lege ihn auf die Kissen eines Diwans im Wohnzimmer, laufe dann ins Bad, raffe ein paar Handtücher zusammen und beginne ihn trockenzureiben.

Dann bemerke ich eine Hausbar. Ich mache sie auf und finde eine Flasche Bourbon. Ich flöße ihm eine gute Portion davon ein.

Er hört auf zu zittern. Ich befühle seine Nase: Sie glüht. Er muß hohes Fieber haben.

Ein paar Tage guter Pflege werden ihn wieder auf die Beine bringen.

»Hast du jetzt am eigenen Leib erfahren, was dabei herauskommt, wenn man seine Nase in Dinge steckt, die einen nichts angehen?« sage ich. »Du hättest mit mir weggehen sollen, statt in dem Antiquitätenladen herumzuschnüffeln. Fernanda gibt jetzt mir die Schuld für den ganzen Kladderadatsch, in den wir hineingeraten sind.« Ich gebe ihm noch einen Schluck Bourbon.

»Korrigiere mich, wenn ich etwas Falsches rede«, sage ich ihm und fahre mit meiner Massage fort. »Du bist den beiden, die in dem Laden den Toten abholten, gefolgt. Sie haben ihn dann an einen Ort gebracht, den ich nicht kenne, und dort war dann das Fliegenfängerpapier.«

Er macht ein Auge auf, und ich sehe in ihm einen Funken Interesse aufblitzen.

»Es stimmt also«, sage ich, »du hast die Fliegenfänger in die ›Fledermaus‹ gebracht als Hinweis für mich. Du bist dann sofort wieder dorthin zurückgelaufen und rechtzeitig genug angekommen, um diese Leute in demselben schwarzen Wagen wegfahren zu sehen. Wie viele waren es? Einer? Zwei?«

Langsam bewegt er den Kopf.

»Also zwei«, sage ich. »Du verfolgst den schwarzen LKW bis hierher. Sie gehen ins Haus, verpacken das Mädchen kunstgerecht, während du dich mit einem Blick orientierst. Aber auf dem Rasen greifen dich Millionen Ameisen an. Du weißt nicht, wie du dich von ihnen befreien kannst, und wirfst dich in den vollen Swimmingpool.«

Ein Zittern überfällt ihn von Kopf bis Schwanz. Ich streichle seine Schnauze und tröste ihn.

Ich schaue mich um: In einer Ecke steht ein Telefon. Ich bestelle ein Taxi, wickle Greg in ein großes Frottiertuch und trage ihn hinaus.

»Tu mir einen Gefallen«, sage ich zu dem Dicken am Steuer, »bring diesen da in die ›Fledermaus‹, und leg ihn in die Arme des Besitzers. Sag ihm, er soll ihm ein Aspirin geben und eine Tasse heißen Bourbon.«

Ich nenne ihm die Adresse, zahle mit einem üppigen Trinkgeld die Fahrt und kehre ins Haus zurück.

Ich umrunde die Villa, ohne den kleinen Fußweg, der sie umgibt, zu verlassen. Die Ameisen verschwinden nach und nach. Kaum versuche ich jedoch, den Fuß auf den Rasen zu setzen, kommen sie aus tausend unsichtbaren Löchern wieder heraus. Der ganze Rasen muß ein einziger unterirdischer Ameisenhaufen sein.

Und hinter dem Rasen ist die Eingangstüre zu dem Gebäude mit den großen Fenstern. Man *muß* den Rasen betreten, um hinzukommen.

Aber, verdammt nochmal, die roten Ameisen halten gute Wacht! Ich wüßte gar zu gern, was für Kostbarkeiten in diesem Pavillon aufbewahrt werden. Ich muß eine Möglichkeit finden, hineinzugelangen. Aber nicht gleich. Erst muß ich die Villa gründlich in Augenschein nehmen. Ich kehre ins Wohnzimmer zurück, steige drei Stufen der hölzernen Treppe hinauf und hebe den Schuh auf. Es ist ein normaler, moderner, schwarzer Damenschuh mit ziemlich hohem Blockabsatz.

Mit dem Schuh in der Hand lehne ich mich an das Treppengeländer und denke nach.

Die zwei Fälle hängen also doch zusammen. Ich möchte sogar behaupten, daß es keine zwei verschiedenen Fälle sind, sondern einer: der Erdolchte in der Auslage und das gekidnappte junge Mädchen.

Denn es gibt keinen Zweifel: ein junges Mädchen ist entführt worden.

Nämlich Manica Vengiò, die mich gestern angerufen hat, um mir einen Auftrag zu geben. Sie war leider nicht schnell genug.

Ich gehe die ganze Treppe hinauf, betrete das Zimmer des Mädchens und werfe den Schuh aufs Bett.

Ich nehme das ganz zerfledderte Telefonbuch auf. Das Branchenverzeichnis ist bei der Rubrik: »Privatdetekteien« aufgeschlagen.

Drei Nummern sind mit einem roten Stift angezeichnet: Detektiv-Agentur Baldo Ribaldi, Privatdetektei Chico Pipa & Gregorio Scarta, dann noch: Chico Pipa, Privatadresse.

Das Mädchen hat also, bevor es mich angerufen hat, mit Baldo Ribaldi telefoniert. Folglich brauchte sie irgendeinen Privatdetektiv. Ich kenne Baldo Ribaldi. Er ist ein kleiner Pinscher, spezialisiert auf Manteldiebstähle in Restaurants und öffentlichen Gebäuden.

Ich rufe ihn an.

»Salve, Ribaldi«, sage ich, als er abhebt, »ich bin's, Pipa.«

»Oh, salve, Pipa«, sagt er, »wenn sie dir deinen Mantel geklaut haben, ich stehe zu deiner Verfügung. Sag mir nur wo, wann und was er für eine Farbe hat.«

»Red kein Blech«, sage ich, »ich will nur eine Auskunft. Hat dich gestern ein Mädchen angerufen, eine gewisse Manica Vengiò?« Ich höre eine Art Schnaufen im Telefon, vielleicht lacht er?

»War sie mit dir auch so witzig?« fragt er.

»Wieso witzig?« frage ich zurück.

»Diese komische Fliegengeschichte«, sagt er, »sie wollte, daß ich einen Fliegendiebstahl aufkläre, und das Schöne ist, daß sie allen Ernstes darauf bestanden hat.«

»Hast du ihr gesagt, daß sie sich an mich wenden soll?«

»Nicht eigentlich«, sagt er, »ich habe ihr nur zu verstehen gegeben, daß Mückendiebstähle nicht in mein Ressort fallen und sie sich deshalb einen anderen Detektiv suchen soll. Hat sie dich angerufen?«

»Allerdings«, sage ich.

»Mach dir nichts draus«, sagt er lachend, »hie und da hat so ein Witzbold den Drang, seine komische Ader telefonisch abzureagieren. Stell dir vor, letzten Monat verlangte einer von mir, ich soll den Diebstahl seiner Knopflöcher aufklären. Man hatte ihm alle von seiner Jacke und Hose gestohlen, und er konnte sie nicht mehr zuknöpfen.«

»Blöde Witze«, sage ich und lege auf.

Dann hat der Leutnant Tram die Fliegen also nicht erfunden! Und es ist auch kein Witz, daß sie diese Manica mit Gewalt verschleppt haben.

Der schmale, schwarze Streifen von verbranntem Gras in dem smaragdgrünen Rasen ist bereits ausgekühlt; und jenseits von Rasen und Swimmingpool steht dieses großfenstrige Gebäude, das von den Ameisen bewacht wird. Ich muß unbedingt eine Möglichkeit finden, hineinzukommen.

Als ich mich in Bewegung setzen will, gibt mir ein schwaches Pochen hinter meinem rechten Ohr Alarmzeichen. Die Ohrmuschel dient als Radarschirm. Jemand nähert sich.

In einer Zehntelsekunde sind Nerven und Muskeln alarmiert und einsatzbereit. Mein superfeines Gehör lauscht in die Stille, um das leiseste Geräusch aufzufangen.

Das Pochen hinter der Ohrmuschel wird stärker, und mein Gehör fängt ein leises Geräusch aus dem Wohnzimmer auf.

Jemand geht auf Zehenspitzen und hält den Atem an. Er bewegt irgendwelche Gegenstände mit äußerster Vorsicht, aber meine Luchsohren fangen auch ein beinahe unhörbares Geräusch auf. Ein lautes Splittern gibt mir Gewißheit, daß dieser Mensch den Fuß auf die Scherben des zerbrochenen Glases gesetzt hat, die den Marmorfußboden übersäen.

Dann Stille. Wieder leichte Geräusche, und das Pochen hinter meinem Ohr nimmt an Stärke zu.

Dann konzentriert sich meine ganze Aufmerksamkeit auf das Öffnen einer Türe.

Die Außentüre der Villa. Ein Mann kommt heraus. Er bleibt am Wegrand stehen und schaut sich argwöhnisch um.

Ich halte den Atem an, Leute, während das Pochen sich immer mehr verstärkt.

Der Mann ist klein und dunkel, hat braune Haare, trägt dunkle Hosen und einen grauen Pulli.

Da ist er jetzt. Er nähert sich vorsichtig dem Rasen.

Ein Schritt, zwei Schritte, dann steigt mit schwindelnder Schnelligkeit eine rote Welle über die Knie bis zum Nabel und von dort über den Hals zum Kopf hinauf. Diese rote Welle steigt in hunderten von kleinen Bächen aus dem Rasen empor, wo sie auf dem Körper des Mannes zusammenfließen.

Der Mann ist in wenigen Sekunden eine unförmige, wurlende Masse, die einen Veitstanz aufführt im vergeblichen Bemühen, sich zu befreien.

Dieses makabre Schauspiel fesselt mich ganz, obwohl das Pochen hinter meinem Ohr immer stärker wird.

Der Mann fällt zu Boden, windet sich, brüllt.

Dann fühle ich einen Schlag im Genick, und alles wird finster um mich.

Fünftes Kapitel

Mit einem Schlag auf den Schädel lande ich an einem ruhigen Ort – früher oder später wird jedem der Hochzeitsmarsch geblasen.

Ich mache die Augen auf, schließe sie aber sofort wieder, denn da steht eine Sergeantenuniform, die mein ganzes Blickfeld ausfüllt.

Bevor ich endgültig ins Diesseits zurückkehre, muß ich erst meine eingebauten Anlagen überprüfen.

Mein Kopf zerspringt fast vor Schmerzen, woraus ich schließe, daß ich einen unfeinen Schlag auf denselben eingesteckt habe. Ich hoffe nur, daß dadurch nicht irgendwelche Defekte in meinen Innereien entstanden sind. Da aber keinerlei Alarmzeichen im Ohr zu vernehmen sind, scheint alles o. k. Nach den Belastungsproben, denen ich mich seinerzeit unterziehen mußte, ist meine Sorge überflüssig.

Nachdem ich mich also vergewissert habe, daß alles funktioniert, wie es soll, ist es an der Zeit, daß ich mir klar werde, wo ich bin und warum diese Sergeantenuniform vor mir steht.

Ich mache also die Augen auf und bewege mich.

Ich liege auf einem weißen Bett in einem winzigen Zimmer, das auch einmal weiß getüncht gewesen sein muß.

Ein Glasschrank voll Fläschchen, ein zusammenlegbares Bett und auf einem lackierten Stuhl rittlings der Sergeant Kautschuk.

Kaum mache ich die Augen auf, steht er schon vor mir. »Fein«, sagt er, »hast du deinen Schönheitsschlaf beendet?«

»Wo bin ich?« frage ich.

»Kennst du dieses traute Plätzchen noch nicht?« fragt Kautschuk zurück, »das ist die Krankenstation der Zentrale. Wenn du in den nächsten Tagen Bauchweh kriegen solltest, wirst du gern hierher zurückkommen. Auf, Vollidiot, man erwartet dich!«

Ich schwinge die Beine vom Bett, aber bei der Drehung, die ich mit meinem verlängerten Rückgrat mache, stützen sich meine Füße ganz automatisch auf Kautschuks Magen.

Ich merke, daß der Sergeant den Rückwärtsgang einschaltet und mit seinem massiven Hinterteil in dem Glasschrank voll Fläschchen landet.

Der Lärm ist ziemlich heftig, als es ihn hinhaut und sich Glasscherben, Fläschchen, Pillen in allen Farben, gelbe, rote, grüne Medikamente, Dragées aller Art über ihn ergießen, darum wird die Türe aufgerissen und ein Polizist steckt den Kopf herein.

»Dieser Hornochse wollte einen Löffel Hustensaft schlukken«, sage ich, »schau dich um, was er dabei angerichtet hat! Gehen wir?«

Ich gehe hinaus, und vier Polizisten kleben sich an meine Seite. Kautschuk rappelt sich auf und spuckt zwischen der einen und der anderen Injurie Pillen aus. Wir gehen in den ersten Stock hinauf und setzen uns in einer Art Zelle mit nur einem kleinen Oberlicht auf eine Bank.

»Wir müssen warten«, sagt einer der Greifer, »der Leutnant ist beschäftigt.«

Mein Kopfweh verschwindet nach und nach, aber um es endgültig loszuwerden, brauche ich mein Hausmittel, ein gutes Glas Bourbon.

Aber in dem windigen Loch gibt es keinen Tropfen von diesem Seelentröster.

Ich schaue auf die Uhr: fast sieben. Teufel, Teufel! Es war noch nicht einmal Mittag, als man mich eingeschläfert hat.

Ich zünde mir ein Stäbchen an und versuche mir klarzuwerden, wieso ich in der Zentrale gelandet bin. Jemand hat mir eins über den Schädel gezogen, aber dann?

Kautschuk steht neben der Türe. Ich schaue ihn durchdringend an.

»Warst das nicht zufällig du?« frage ich.

»Was?« fragt er zurück.

»Der mir eins übergezogen hat«, sage ich.

»Tut mir ehrlich leid, nein«, sagt er, »aber bei der nächsten Gelegenheit, die sich bietet, werde ich nicht versäumen . . .«

Mit Daumen und Zeigefinger schnipse ich den Zigarettenstummel so zielsicher, daß er sich ihm ins linke Ohr bohrt.

Mühsam puhlt er ihn wieder heraus und setzt sich dann in den Kopf, mir die Gedärme aus dem Bauch zu ziehen, aber die Stimme des Leutnants Tram bremst ihn auf halbem Weg.

»Komm, Pipa«, sagt Tram und reißt die Türe auf.

Ich betrete sein Büro.

Neben seinem Schreibtisch steht einer, den ich noch nie gesehen habe. Ein kleiner aber ziemlich hart aussehender Typ.

Die affenartigen Arme reichen ihm bis zu den Knien und enden dort in zwei spatenförmigen Pranken. Seine Haare sind lang, dicht und schwarz und reichen ihm bis in den Nacken hinunter; er ist ziemlich dunkelhäutig. Seine kleinen schwarzen Knopfaugen stehen weit auseinander, aber als erstes fällt einem seine Stirn ins Auge. Breit und vorspringend, flach zwischen den Schläfen eingebettet, scheint sie mit Glanzleder überzogen. Eine mindestens zwei Zentimeter dicke, schwielige Panzerplatte. Die Stirn eines Sturmbocks, Leute.

Während ich ihn betrachte, betaste ich mein Genick. Kein Zweifel, ich habe schon eine Kostprobe seiner Härte zu spüren bekommen.

»Setz dich«, sagt Tram und nimmt hinter seinem Schreibtisch Platz.

Ich setze mich, der Stierschädel setzt sich ebenfalls.

»Nun, Signor Krapfen«, sagt er, »ich brauche nur eine kleine Bestätigung von dem Herrn hier, dann können Sie gehen.«

Tram schaut mich an und macht dann dem Stierschädel ein Zeichen.

»Dieser Herr«, sagt er, »ist es, der das Vergnügen hatte, dich einzufangen, als du dich durch die Flucht den polizeilichen Nachforschungen entziehen wolltest.«

»Ah so«, sage ich, und schaue den Stierschädel an. Er schaut zurück, ohne mit der Wimper zu zucken.

»Hier ist der Rapport des Polizisten Chiribò«, sagt Tram und reicht mir ein paar beschriebene Seiten. »Lies selbst oder soll ich dir's vorlesen?«

»Besser, du liest«, sage ich, »das Timbre deiner Stimme geht mir ins Gemüt.«

Tram setzt sich bequem hin und beginnt:

»Um 11 Uhr 47, während meiner Dienstfahrt auf dem Corso Criccodilegno, identifiziere ich das von der Zentrale signalisierte Auto: Blimbust No. Pi-Chi 38473, mit dem gesuchten Chico Pipa am Steuer. Ich stelle die Sirene an und schneide dem Wagen den Weg ab. Dieser hält am Trottoirrand. Von den Polizisten Bisata und Perdis unterstützt, umkreisen wir den Wagen und fordern den Fahrer auf, seine Dokumente vorzuzeigen. Der Fahrer entspricht nicht der Beschreibung des Gesuchten. Name des Fahrers: Artur Krapfen, Alter 36, Beruf Ragoutmischer, wohnhaft Freddipè, Via Cartabollata 20. Die Wagenpapiere sind auf den Namen Chico Pipa ausgestellt.

Während ich von dem Fahrer des Autos Aufklärung verlange, öffnet der Polizist Bisata die rückwärtige Wagentüre und lenkt die Aufmerksamkeit des Unterfertigten auf eine ohnmächtig am Boden liegende Person männlichen Geschlechts. Ich stelle persönlich fest, daß die Personalien des Ohnmächtigen mit denen des gesuchten Chico Pipa übereinstimmen. Auf meine Aufforderung hin gibt Signor Artur Krapfen folgende Erklärung ab:

Ich habe die Radiosuchmeldung der Polizei gehört, die das Publikum ersucht, mitzuhelfen bei der Auffindung des Blimbust No. Pi-Chi 38473, gesteuert von dem Gesuchten, dessen Beschreibung durchgegeben wurde. Als ich die Via Quattrochili durchfuhr, habe ich den gesuchten Wagen gesehen, der gerade im Begriff war zu halten. Ein Mann, auf den die Personalbeschreibung paßte, stieg aus und betrat eine Bar. Ich bin in seinen Wagen gestiegen und habe mich unter dem Sitz versteckt. Als der Gesuchte wieder einstieg, habe ich ihn auf den Kopf geschlagen, um ihn unschädlich zu machen, ihn auf den Boden gelegt, mich ans Steuer gesetzt und wollte zur Polizeizentrale fahren. Als ich um eine Ecke bog, wurde ich von einem Polizeiwagen gestoppt.

Auf meine Bemerkung, daß er, statt zur Polizei, in die entgegengesetzte Richtung fuhr, antwortete Signor Krapfen, daß er sich in unserer Stadt nicht auskenne und nicht wisse, wo die Polizeizentrale ist. Er war im Begriff, den ersten Schutzmann, dem er begegnete, nach dem Weg zu fragen. Unterschrift: Polizist Chiribò.«

Ich schaue den Stierschädel an, aber er hütet sich, zurückzuschauen. Das wäre also seine Version der Geschichte.

Tram holt Luft, dann zeigt er mir ein anderes Schriftstück.

»Die Aussage, die der hier anwesende Signor Krapfen gemacht hat, stimmt in allen Punkten mit dem Polizeirapport überein«, sagt er, »haben Sie noch etwas hinzuzufügen?«

»Nichts«, sagt der Stierschädel.

»Und du?« sagt Tram, »hast du nichts zu sagen?«

»Interessant«, sage ich.

Tram steht auf, produziert sein Zahnpastareklamelächeln *Küß mich und meinen duftenden Atem* und reicht dem Stierschädel die Hand.

Im Aufstehen drückt der Stierschädel dieselbe.

»Sie können gehen«, sagt Tram, »ich bedanke mich herzlich für Ihre uneigennützige und mutige Hilfe, die Sie der Polizei bei der Festnahme dieses gemeingefährlichen Kriminellen geleistet haben.«

»Dankeschön auch meinerseits«, sage ich ebenfalls zum Stierschädel, als er geht, »und widmen Sie beim Rühren Ihrer nächsten Ragoutmischung auch mir ein freundliches Gedenken!«

»Du hättest ihm eine Medaille verleihen sollen«, sage ich zu Tram, als die Tür sich schließt.

Tram setzt sich wieder.

»Tut mir leid«, sagt er dann, »aber nach dem Anruf von heute morgen hättest du die Pflicht gehabt, zu mir zu kommen. Das bist du aber nicht, also war ich bei dir, habe dich aber nicht vorgefunden und mußte dich zwangsläufig durch Radio ausrufen lassen.«

»So brandeilig hast du mich gebraucht?« frage ich.

»Allerdings«, sagt Tram, »es war brandeilig, auch weil wir dieses Dingsda aufgefunden haben.«

»Was für ein Dingsda?«

»Kannst du dir das nicht vorstellen?« sagt Tram.

»Meinst du den Toten, den ich in der Auslage gesehen habe?« Tram nickt mit dem Kopf und grinst in einer Weise, die mir ganz und gar nicht gefällt, dann geht er zur Türe und reißt sie auf.

»Kautschuk, bring ihn her!« schreit er, setzt sich wieder, läßt aber die Tür offen.

Kautschuk erscheint sofort unter der Türe, zwei Schuhsohlen sind unter seinen Achseln zu sehen, und er bewegt sich mit ziemlichem Kraftaufwand.

Er zieht einen Mann an den Füßen herein, hellgrauer Anzug, weißes Hemd, blaue Krawatte. Als er ihn herinnen hat, packt er ihn am Jackett und setzt ihn mir vis-à-vis auf einen Stuhl.

Ich habe meine Kiefermuskeln gut in der Gewalt, atme tief durch und stehe auf, um ihn mir anzuschauen.

»Erkennst du ihn?« fragt Tram.

»Genau«, sage ich, »er sieht aus wie der Mann in der Auslage des Antiquitätenladens, aber das da, verdammt nochmal, ist eine Puppe!«

»Du sagst es«, antwortet er, »und sie ist die präzise Kopie des Fotos, das du mir heute früh geschickt hast. Vergleiche nur.«

Er wirft das Foto auf den Tisch, aber ein Vergleich ist überflüssig. Sie ist identisch – nur daß der, den ich in der Auslage gesehen habe, keine Puppe war.

»Und weißt du auch, wo wir das da gefunden haben?« sagt Tram.

»Wo?«

»Unter deinem Bett!«

Diesmal bleibt mein Mund offen und mein Blick starr auf Trams Nase gerichtet. Ich merke nicht einmal, daß seine Halsadern anschwellen wie ein gut aufgepumpter Fahrradreifen und seine Ohren immer röter werden.

Ich mache einen Satz rückwärts, als er seine Fäuste auf die Schreibtischplatte schmettert.

»Schau nicht so entsetzlich blöd drein«, brüllt Tram, »wen willst du eigentlich drankriegen? Eine von deinen billigen Weibern? Oder hast du was auf der Pfanne? Was willst du denn mit der ganzen idiotischen Sache aufreißen?«

»Wenn dieses Dingsda unter meinem Bett gelegen hat, will mir irgend jemand einen üblen Streich spielen. Denn der Mann in der Auslage war ein Mensch, nicht eine Gummipuppe wie der da.«

Tram schließt die Augen und massiert seine Schläfen. Dann seufzt er und schaut mich an.

»Also gut«, sagt er, »denk drüber nach. Ich habe noch zwölf Jahre bis zu meiner Pensionierung, du hast also so viel Zeit zur Verfügung, wie du willst. Uns kommt's billiger, dich gratis in Kost und Logis zu nehmen, als dich laufen zu lassen.«

Er macht Kautschuk ein Zeichen, und der geht hinaus, hat sich aber kaum in Bewegung gesetzt, als schon ein ganzer Polizistenstrom das Büro überflutet. In zwei Sekunden bin ich von der ganzen Lawine überrollt, vorwärts geschubst, aufgehoben, überwältigt. Ich merke aber gar nicht, was um mich herum vorgeht, so sehr bin ich in Gedanken versunken.

Ich finde mich in der Sicherheitszelle auf dem Feldbett sitzend wieder.

In meinem Gehirn herrscht das helle Chaos. Ich versuche ein wenig Ordnung hineinzubringen, da es mir an Ruhe hier nicht fehlt. Und Ruhe brauche ich, Kinder, um eine Schlußfolgerung ziehen zu können.

Vor allem brauche ich einen Bourbon.

Zu meiner Freude bemerke ich, daß Tram an alles gedacht

hat. Er weiß, daß ich ohne Bourbon wie ein Rennwagen ohne Treibstoff bin. Auf einem Regal steht eine volle Flasche, und auch ein Blechteller ist da, mit einem Beefsteak und einem Stück Brot.

Ich fülle die Löcher in meinem Magen und begieße die Muskeln von innen.

Als ich wieder fit bin, werden alle Lichter gelöscht mit Ausnahme einer blau getönten Lampe draußen im Korridor.

Ich könnte ja hinaus, wenn ich wollte, aber das wäre verfrüht, ehe ich mir einen Plan zurecht gelegt habe. Dies hier ist der einzige Platz, wo man mir weder auf den Schädel hauen noch nachspionieren kann.

Ja, ja, da sind eine Menge Probleme zu lösen.

Erstes: einer legt mir einen falschen Kadaver unters Bett: ein Witz, der mich in die Sicherheitszelle bringt. Folgerung: der Betreffende will mich aus dem Verkehr ziehen, und das ist ihm, wenigstens für den Augenblick, geglückt. Derjenige oder diejenigen sind dieselben, die den Originalkadaver in die Auslage manipuliert haben, mit dem Dolch gut sichtbar in der Brust. Natürlich kann jeder jeden umbringen, aber warum ihn dann in einer Auslage zur Schau stellen?

Zweites: einer gewissen Signorina Vengiò werden Fliegen gestohlen. Auch die Absurdität dieses Diebstahls beiseite lassend, denn Fliegen gibt es überall soviel man will, ist es klar, daß die beiden Begebenheiten zusammenhängen: Dieselben, die den Toten in die Auslage geschafft haben, sind auch die Kidnapper der Signorina Vengiò.

Drittes: Wer ist der Stierschädel? Was hat er in der Villa Vengiò zu suchen gehabt zusammen mit dem anderen, den die roten Ameisen so liebevoll versorgt haben? Mich hat er mit einem Schlag auf meinen Kürbis fertiggemacht, in meinen Wagen verfrachtet, um mich irgendwo hinzuschaffen, woran er von der Polizei gehindert wurde. Klar, daß er die Story von meiner Gefangennahme erfinden und sich damit abfinden mußte, mich dem Leutnant Tram auszuliefern. Aber was hatte er wirklich im Sinn? Und was suchten die zwei in dem Gebäude hinter der Villa, das von Ameisen bewacht wird?

Ich versuche, die einzelnen Teile zusammenzufügen, aber es paßt eines nicht zum anderen.

Die Fliegen mit dem Stierschädel, der Stierschädel mit dem Kadaver, Manica Vengiò mit dem Dolch, der Dolch mit den

Ameisen, die Ameisen mit der Gummipuppe, die Gummipuppe mit den Fliegen, die Fliegen auf dem Ärmel der Puppe, der Antiquar mit dem Stierschädel ... basta!

In meinem Hirn herrscht ein unbeschreiblicher Wirrwarr. Meine grauen Zellen müssen übergeschnappt sein oder sich zu Tode schämen. Das Elektronengehirn verweigert die Arbeit ohne konkrete Fütterung. Mein eben verschwundenes Kopfweh ist prompt zurückgekommen. Mit den letzten Resten aus der Bourbonflasche schicke ich es wieder weg, dann strecke ich mich auf dem staatlichen Lotterbett aus.

Mit der Kuppe des Zeigefingers suche ich die kleine Metallspitze zwischen meinen Barthaaren. Ich kriege sie mit den Nägeln zu fassen und ziehe die Antenne einen guten halben Meter heraus. Am oberen Ende schlinge ich einen lockeren Knoten, suche den richtigen Kanal, indem ich die Antenne am Kinn einen Millimeter hinein- oder herausschiebe, bis der Monitor am rechten Daumennagel hell wird.

Ich stecke den kleinen Finger der linken Hand ins Ohr und schaue mir einen ganzen ›Schirm, Charme und Melone‹-Krimi mit der bezaubernden Emma Peel an. Die Bilder sind natürlich winzig, aber unerhört scharf. Diese Gelehrten der C.I.C.C.I.A. sind schon ihr Geld wert!

Knapp vor Mitternacht ist das Programm zu Ende, und die Helle im Daumennagel verschwindet. Ich versorge die Antenne in meinem Kinn, trinke den allerletzten Schluck Bourbon, der noch in der Flasche wartet und strecke mich zum Schlafen aus. Gerade als ich ein Auge zugemacht habe und das gleiche mit dem anderen tun will, werden die Lampen wieder eingeschaltet. Mein Tag ist noch nicht zu Ende, Leute, also stehe ich auf und bereite mich auf die zu erwartenden Neuigkeiten vor. Der gute Kautschuk sperrt das Gitter auf, läßt erst Tram eintreten, kommt dann selbst nach und lehnt sich an die Gitterstäbe.

Tram schüttelt den Kopf und schaut mich an.

»Das hättest du mir wirklich sagen können«, meint er.

»Das war wohl das Allerletzte, was wir uns vorgestellt hätten«, sagt Kautschuk.

»Jedenfalls kann ich dich nur beglückwünschen«, fährt Tram fort, während er meine Hand nimmt und sie eifrig schüttelt, »du hast wirklich gut gewählt, Pipa, und ich bin sicher, daß du nun endlich ein brauchbares Mitglied der menschlichen Gesellschaft wirst.«

Perplex schaue ich ihn an: Er muß in einen Honigtopf gefallen sein.

Er macht ein Zeichen zum Eingang hin und schlägt mir auf die Schulter.

»Du brauchst wirklich nicht so verdattert dreinzuschauen«, sagt er, »früher oder später hätten wir's doch erfahren. Los, gehen wir, deine Frau wartet auf dich.«

Etwas kommt mir in die falsche Kehle, und ich muß husten. Das ganze Blut steigt mir in den Kopf, bis ich endlich wieder zu Atem komme.

»Irgendeinmal erwischt es jeden von uns«, sagt Tram, »wichtig ist nur, daß man die Richtige erwischt, und du bist wirklich ein Glückspilz!«

»Ein süßer Wagenheber, ein echter Schatz ist sie«, schwärmt Kautschuk.

Ich bringe einfach keine passende Antwort zusammen. Wir steigen die Treppe hinauf, und die zwei plaudern munter weiter.

»Jetzt wissen wir, warum du die ganze Zeit über verschwunden warst! Verdammt nochmal! Das war eine lange Hochzeitsreise, du Lustmolch! Eine Biene wie die läuft einem auch nicht jeden Tag über den Weg!« sagt Tram.

»Zum Henker!« schreit Kautschuk, »die hat Paprika im Blut! Die halbe Zentrale hat sie demoliert und denkt nicht dran, ohne ihren Chicolino am Arm zu gehen!«

Ich habe nicht die leiseste Idee, wer das Geschöpf sein könnte, das behauptet, meine Frau zu sein, und was diese Person im Sinn hat. Vielleicht eine Komplizin vom Stierschädel, der sich seine Beute wieder holen möchte? Nicht schlecht: Ich muß jedenfalls mitmischen, um zu sehen, wie die ganze Räuberkomödie ausgeht. Und dann ist es eine gute Okkasion, ohne viel Trara von hier wegzukommen. Das Weitere wird sich finden.

Vor seiner Bürotür packt Tram mich am Arm und setzt seine Nase genau zwei Finger vor die meinige.

»Du hast es nur deiner Frau zu verdanken, wenn ich dich diesmal freilasse«, sagt er, »vergiß aber nicht: ich bin immer vorhanden, ist das klar?«

Er macht die Türe auf, und ich trete ein. Während ich ein nonchalantes »Ciao, Darling« hinwerfe, mache ich einen Satz nach rückwärts, aber leider nicht schnell genug.

In einen betäubenden Veilchenduft gehüllt kommt eine gelbe Lawine über mich. Ich finde nicht den kleinsten Ausweg aus dieser Masse. Sie umarmt mich und drückt mich an sich, und mit schriller Stimme ruft sie aus:

»Da bist du ja, Chicolino mio!«

Dann zieht sich die Masse etwas zurück, geht um mich herum und fixiert mich.

»Wenn ihr ihn mir beschädigt habt«, sagt sie, »schlinge ich euch das ganze Kanalisationssystem der Zentrale um den Hals!«

Sie kneift die Augen zusammen und betrachtet mich.

»Du Unglückswurm!« stößt sie zwischen den Zähnen hervor, gerade laut genug, um von Tram gehört zu werden, der auf seinem Schreibtisch Papiere ordnet.

Ich würde der da vor mir wahnsinnig gern ihr Blumenhütchen in den feisten Hals stoßen, aber ich muß meine Impulse bremsen, wenn ich aus diesem Bau herauskommen will, auch wenn ich zur Rolle des Ehekrüppels absolut kein Talent habe. Ein braunes Hütchen, Leute, mit Federn, Schleifen, Quasten, die vom Hutkopf auf den breiten Rand herunterbaumeln. Das Ganze ist auf dem strohfarbenen Haar mit einer langen Hutnadel befestigt, deren Kopf aus einer Schwalbe mit ausgebreiteten Flügeln besteht.

Das also wäre mein Eheweib. Ein Monstrum, vier Finger größer als ich, ihre ungefähr hundertzwanzig Kilo Lebendgewicht in ein gelbes Tailleur gepreßt. Unter der offenen Jacke schaut eine Bluse mit grün und gelben Blumen heraus. Der Busen springt wie das Schutzdach eines Bahnhofs vor.

Am Arm baumelt eine braune Handtasche, auch die Schuhe sind braun, die blauwollenen Strümpfe reichen ihr bis unter den Rock, der ungefähr zwei Finger breit über dem Knie endet. Sie hat angeklebte Wimpern und aufgemalten Lidschatten, hochroten Lippenstift auf den wulstigen Lippen.

»Das hier«, sagt Tram, »sind Ihre Papiere. Die Heiratsurkunde und alles. Ich vertraue ihn Ihnen an, Signora.«

»Keine Angst, Leutnant«, sagt meine Frau, »von jetzt an lasse ich ihn keine Minute mehr allein.«

Sie schmeißt die Papiere in ihre Tasche und nimmt einen kleinen Spiegel und einen Lippenstift mit Goldhülse heraus.

Sie schaut in den Spiegel, frischt die Lippen auf und fährt dann schnell mit der Zunge darüber. Dann wirft sie Lippenstift und Spiegel wieder in die Tasche.

»Gehen wir, Chicolino?« sagt sie und stellt sich an meine Seite. Ich schiebe meinen Arm unter den ihrigen.

»Daß du mir diesen Schatz gut behandelst«, sagt Tram, als wir an ihm vorbeigehen.

Meine Frau bleibt stehen und blitzt ihn an.

»Wenn das ein Witz sein soll«, sagt sie, »lachen Sie sich nur tot!« und durchbohrt seinen Fuß mit ihrem Pfennigabsatz.

»Gut gebrüllt, Löwin!« sage ich und dirigiere sie sanft dem Ausgang zu.

Vor dem Haupteingang der Zentrale wartet mein Blimbust.

Ich mache die Türe auf, um mich ans Steuer zu setzen, aber sie schiebt mich beiseite.

»*Ich* fahre, mein Schatz, wenn du nichts dagegen hast«, sagt sie.

»Ganz wie du willst, mein Augenstern«, sage ich, »wenn du es schaffst, hinter das Volant zu kommen.«

Ich mache die Runde und steige ein. Sie hat sich tatsächlich hinter das Steuer geklemmt, aber der Busen ist kaum auf zwei Finger Distanz von der Windschutzscheibe.

Sie läßt den Motor an und wir starten.

Und jetzt werden wir sehen, wie's weitergeht, mein Engel.

Sie fährt schweigend vor sich hin, ich bin auch still ... Als die Straße frei ist, legt sie den vierten Gang ein, und ich sehe aus den Augenwinkeln, wie sie nach ihrer Tasche auf dem Sitz sucht.

Sie macht sie auf und stöbert drin herum.

Ein Revolver kommt zum Vorschein, mit dem sie sich in den Mund schießt, dann legt sie auf mich an.

»Magst du«, fragt sie, »Minzenbonbons?«

Sechstes Kapitel

Man macht eine Fahrt ins Blaue, weiß aber nicht, wo sie endet – man rezitiert eine reizende à propos-Komödie – »Feind hört mit« – und »schaut zu«.

Ich stoße drei Kubikliter Atem auf einmal aus und verringere so meine nervöse Anspannung.

»Teufel, Teufel«, sage ich, »je mehr ich dich anschaue, desto weniger kann ich es glauben.«

Der Agent 00Josef wiehert vor Vergnügen. Sein Riesenbusen hüpft dabei in rhythmischen Stößen vor und zurück, wodurch die am Steuer befestigte Hupe in Aktion tritt.

»Nicht einmal zu Hause erkennen sie mich, wenn ich mich verkleide«, sagt er, »und ich mache das oft genug. Es ist immer ein Riesenspaß für meine Kinder.«

»Und wie bist du auf die geniale Idee von diesem Hochzeitsgeläute gekommen?« frage ich.

»Es war die einzige Möglichkeit, dich von dort herauszumanövrieren«, sagt er. »Der Befehl lautete, dich unter allen Umständen, koste es, was es wolle, loszueisen, selbst wenn dabei die ganze Zentrale in die Luft geflogen wäre.«

»Ich wäre auch allein herausgekommen, wenn ich gewollt hätte, das weißt du ganz genau«, sage ich.

»Herauskommen heißt noch lange nicht, sich abhängen«, sagt er, »der Leutnant hätte alles in Bewegung gesetzt, um dich wieder zu angeln, und hätte weiterhin seine Nase in Dinge gesteckt, die ihn nun wirklich nichts angehen.«

»Und wen gehen sie was an?« frage ich.

»Die C.I.C.C.I.A.«, sagt er.

»Das habe ich mir gedacht«, sage ich, »deshalb habt ihr mich eingeschaltet.«

00Josef zuckt die Achseln.

»Das hast du selber getan«, sagt er, »und hast einen solchen Haufen Blödsinn zusammengebastelt, daß Windstärke 9 wild geworden ist. Jetzt gerade wird er in ganz schwerer See schlingern. Du hast doch seine Botschaft erhalten, nicht?«

»Dummkopf, Ende«, sage ich. »Das Warum kann ich mir nicht denken.«

»Dabei bist du doch alles andere als begriffsstutzig«, sagt er.

»Spuck schon aus«, sage ich.

»Da ist wenig auszuspucken, wenn du es nicht weißt«, sagt er, »mich hat man völlig im Dunkeln gelassen.«

»Und der falsche Tote?«

»Nie von ihm gehört«, sagt er, »dem Leutnant Tram habe ich weisgemacht, daß du, als ich bei meiner Mutter war, die Gelegenheit benützt hast, dir einen Haufen Unannehmlichkeiten auf den Hals zu laden. Ich habe nur ganz allgemein dahergeredet, weil ich ja nicht wissen konnte, was du wirklich angestellt hast. Windstärke 9 hat mich nicht informiert ... Hat es auch einen falschen Toten gegeben?«

Ich nicke mit dem Kopf. »Und einen echten«, sage ich.

Er läßt einen Pfiff los.

»Hast du was dagegen, mir den ganzen Fall zu erzählen?« sagt er. Ich erzähle ihm also die ganze Story und schaue dabei zum Seitenfenster hinaus. Wie haben die Stadt verlassen und fahren auf der Autobahn.

Als ich bei dem Schlag, den ich auf meinen Kürbis eingesteckt habe, angelangt bin, unterbreche ich meinen Bericht.

»Hast *du* was dagegen, mir zu sagen, wo es eigentlich hingeht?« sage ich.

»Erst einmal zu einem Schläfchen von ungefähr einer Stunde«, sagt er. »Nach beiläufig 20 km verlassen wir die Autobahn, dort ist ein aufgelassener Parkplatz. Danach kommt ein blinder Tunnel. Vor ungefähr zwanzig Jahren haben sie angefangen, den Berg ca. zwanzig Meter tief anzubohren, haben aber dann aufgehört, wahrscheinlich aus Angst vor der Dunkelheit. Wir fahren in diesen Tunnel, setzen uns auf die Rücksitze, schrauben die Fenster in die Höhe und atmen ein wenig Nebel ein. Ich weiß, daß dein Wagen darauf eingerichtet ist. Der Beauftragte holt uns dann ab, und nach einer guten Stunde werden wir in den schützenden Armen von Windstärke 9 wach. Der Befehl lautet, dich zu ihm zu bringen. Ich hoffe nur, daß er uns endlich Bescheid stößt, was es mit der ganzen Geschichte auf sich hat.«

»Tut er's nicht, mache ich ihm sein Hinkebein noch ein paar Zentimeter kürzer.«

»Sehr witzig«, sagt 00Josef.

»Oder sehr traurig«, sage ich.

»Erzähl jetzt weiter«, sagt er.

Ich erzähle weiter, und als ich zum Fliegendiebstahl komme,

merke ich an den rhythmischen Claksontönen, daß er lacht, denn die Straße ist ja ganz frei. Beim Stierschädel angelangt, dreht er sich mir zu und schaut mich an.

»Heiliger Strohsack«, sagt er, »erzähl mir mehr von diesem Typ.«

Ich erzähle also mehr, und er läßt einen endlosen Pfiff los.

»Verdammt«, sagt er, als er mit Pfeifen aufgehört hat, »wenn der mitmischt, ist die Geschichte brennheiß.«

»Kennst du ihn?« frage ich. »Er heißt Krapfen.«

»Schmarrn!« sagt er, »sein Name ist Krapa. Ich habe gesehen, wie er einen Panzerwagen durch Schläge mit seiner Stirn demoliert hat, aber das ist noch gar nichts. Du kannst dir nicht vorstellen, zu was der mit seinen Händen imstand ist. Sein Handkantenschlag ist schärfer als eine Rasierklinge, er kann damit Salami schneiden.« Diesmal lasse *ich* einen Pfiff los.

Er läßt mich auspfeifen, dann fährt er fort: »Er ist ein Agent der O.R.C.A., der wichtigsten Organisation der U.R.C.C. nach der K.R.E.P., der *Kapitalistisch-Republikanischen Einheitspartei.* Diese Organisation studiert die Ausbeutung aller modernen Erfindungen zu Angriffszwecken. Der Boß ist ein Teufel schlimmster Sorte, er heißt Gialda, Lee Gialda. Hast du eben das Zittern mitgekriegt?«

»Ich habe«, sage ich, »es war, wie wenn ein leichtes Tremolo meinen Rücken hinunterlaufen würde.«

»Die ganzen Erfindungen zur Terrorisierung des Erdballs sind Eigentum der K.R.E.P. Die C.I.C.C.I.A. ist im Besitz eines langen Dossiers über die ganzen Machenschaften dieser Gesellschaft. Gialda ist kein Mensch, nur eine Stimme. Es scheint, daß keiner ihn je gesehen hat, obwohl er ein ausgesprochener Don Juan ist. Aber keine seiner vielen Frauen kann sich an ihn erinnern. Allen gemeinsam verbleibt ein tiefer Ekel vor jeder Art Tomatensauce. Ich glaube, er beträufelt sie damit.« Nach einem Wegweiser auf meiner Seite geht er mit der Geschwindigkeit herunter. Als ich mich vorbeuge, überflutet mich eine derartige Welle Veilchenparfum, daß mir ganz schlecht wird. »Hast du nicht ein noch stinkenderes Parfum gefunden?« frage ich.

»Das hier paßt am besten zu meinem Typ«, sagt er, »da mußt du dich schon daran gewöhnen.«

Ich stecke den Kopf aus dem Fenster, um den Gestank loszuwerden.

»Sicher bereitet die U.R.C.C. einen großen Coup vor«, fährt er fort, »da wette ich meine Milz. Und dich haben sie mitten hineingefeuert. Aber diesmal, beim teuflischen Hugo, mische ich mit, weil ich's satt habe, daheim zu sitzen und mit meiner Kinderschar zu spielen. Und wenn's Windstärke 9 nicht paßt, ziehe ich ihm sein kurzes Bein so lang, daß er mit dem anderen humpelt.«

»Und wer sagt dir, daß ich mich in dieses Unternehmen einspannen lasse?« frage ich.

»Du bist schon mitten drin«, sagt 00Josef, »ich kenne dich gut genug und bin deshalb sicher, daß du die Geschichte von dem Toten in der Auslage mitsamt der Gummipuppe nicht auf halbem Weg fahren läßt. Ohne zu berücksichtigen, daß du den Auftrag dieser Ragazza angenommen hast, das Fliegenmädchen meine ich.«

»Ich habe nicht gesagt, daß ich angenommen habe.«

»Wieso nicht? Du warst bei ihr zu Hause, hast eine aufs Dach gekriegt, womit bewiesen ist, daß du nicht nur angenommen, sondern bereits mit den Nachforschungen begonnen hast.«

»Und was bringt mir das alles ein?« sage ich.

»Das ist dein Bier«, sagt er, »ich weiß nur, daß ich mich an deine Hosenträger hefte und nicht mehr locker lasse. Kaum habe ich Bescheid bekommen von Windstärke 9, habe ich gewußt, daß dies die Gelegenheit für mich ist, und habe, ohne meine Anlagen erst umbauen zu lassen, noch ein paar Neuerungen hinzugefügt.«

Er tippt sich mit dem Zeigefinger auf die Brust.

»Was glaubst du?« sagt er, »daß da Milch drin ist?«

Er bremst plötzlich, und wenn die Windschutzscheibe nicht kugelsicher gewesen wäre, hätte er sie mit seiner Brust durchbohrt.

»Da sind wir«, sagt er, »vor lauter Quatschen habe ich's gar nicht bemerkt.«

Er fährt auf die Außenbahn, dann von der Autobahn herunter auf einen langen, schmalen Platz, der ganz wie eine alte, nicht mehr benutzte Landstraße aussieht. Am Ende der Straße führt der schwarze Bogen eines Tunnels in das Berginnere.

»Wenn ein Wagen auf der Autobahn vorbeifährt, ist es besser, er sieht uns nicht«, sagt 00Josef, schaltet die Scheinwerfer aus und fährt in tiefster Finsternis weiter. Wir fahren ungefähr zwanzig Meter in den Tunnel hinein.

»Beim teuflischen Hugo«, sagt 00 Josef so leise, daß ich ihn fast nicht verstehe, »da stimmt doch etwas nicht.«

Inzwischen bleibt er stehen.

»Der Boden unter den Rädern ist glatt wie Asphalt«, sagt er immer noch ganz leise, aber das hatte ich bereits gemerkt.

»Das ist eine verdammte Falle«, sagt er. Er schaltet die Scheinwerfer wieder ein, und knapp einen halben Meter vor der Motorhaube erblicken wir eine glatte Metallwand. Auch die Seitenwände sind aus Metall und so nahe am Wagen, daß es quasi unmöglich erscheint, wieder herauszukommen.

»Diese Nummer war wohl im Programm nicht vorgesehen?« sage ich, bin aber mit meiner Frage noch nicht zu Ende, als ich hinter uns einen heftigen Ruck spüre.

Ich drehe mich um. Eine Metallwand blockiert den Ausgang.

»Was heißt hier Programm«, sagt 00 Josef, »wir sitzen in einer verdammten Falle!«

»Wenn's eine Falle ist, dann *vor Mikrofonen wird gewarnt!* Freund«, sage ich in einem Atemzug, »spielen wir also mit! Nichts wie rauf auf die Bühne!«

»O Gott, o Gott! Was ist denn los, Chico?« schreit 00 Josef. Er macht die Vordertüre auf, versucht auszusteigen, aber er schafft es nicht. Mit einem Bein hängt er zwischen Wand und Wagen.

»Das verstehe ich nicht, verdammt nochmal«, schreie ich, »was soll denn das?«

»Hilfe, Chicolino, ich kann nicht aussteigen! Wo sind wir denn?«

»Ganz ruhig bleiben, Schatz, ganz ruhig, da muß ein Webfehler drin sein«, sage ich, »ich steige aus und sehe nach. Kann ja sein, daß du dich geirrt hast. Vielleicht ist das nicht der Tunnel, wo wir vor zwei Jahren waren.«

Es gelingt mir, mich aus dem höchstens zwanzig Zentimeter schmalen Türspalt herauszuzwängen.

»Ich habe mich nicht geirrt! Das ist der Tunnel. Ich erinnere mich ganz genau«, sagt er und fängt zu flennen an.

»Sie werden ihn inzwischen gepanzert haben«, sage ich und untersuche die Wände. Wir sitzen in einem Metallgehäuse ohne die kleinste Öffnung. Nur winzige Löcher, kleiner als ein Stecknadelkopf, sind hier und da angebracht. Ohne Zweifel Mikrofone. Und ich verwette meine beiden Fußknöchel, daß diese Art Bolzen direkt vor unserer Windschutzscheibe das Auge einer Telekamera ist.

Sie hören und sehen uns. Gut zu wissen.

»Reg dich nicht auf, Darling, wir sind hier eingeschlossen.«

»Ich will raus, ich will raus«, schreit er und drückt immer wieder gegen die Wagentüre.

»Stell dich nicht so an«, sage ich, »und zieh deine Beine wieder herein. Merkst du denn nicht, daß du nicht rauskannst? Sei brav, ich schaue jetzt, ob was zu machen ist.«

Ich gehe um den Wagen herum, und er fängt laut zu jammern an.

»Geh nicht weg, Chico, laß mich nicht allein! Ich habe Angst!«

»Wo soll ich denn hin, du Gans, wenn wir hier in diesem Kasten eingeschlossen sind.« Ich haue mit den Fäusten an die Wände.

Er fängt zu schluchzen an.

»Komm zu mir, komm zu mir!« heult er zwischen einem und dem anderen Schluchzer.

»Jetzt gib wenigstens einen Augenblick Ruhe«, sage ich. Ein Motor wird ganz in der Nähe angelassen, der Metallbehälter vibriert und hebt sich dann einen guten Meter vom Boden.

»Hilfe Chico! Ruf doch jemanden!«

»He, keiner drin?« lege ich mit dem ganzen, mir zur Verfügung stehenden Atem los. »Beim Beelzebub seiner uralten Oma, kann man endlich erfahren, was da eigentlich gespielt wird?«

»Chico, Chico, tu doch etwas!«

Er stößt Schluchzer aus, die auch einen einbalsamierten Elefanten zum Weinen gebracht hätten, und die mit Augentusche vermischten Tränen kullern in seinen Ausschnitt.

Ich merke, daß das Motorengeräusch stärker wird, dann bewegt sich unser Gehäuse, schwankt, wie wenn es über eine Straße voll Löcher fahren würde, dann nimmt das Tempo zu. Wir sind in einem Panzerwagen eingeschlossen. 00 Josef zieht eine Monsterschau an Hysterie ab. Ich zwänge mich wieder in den Wagen, beutle ihn ein wenig, und zum Schluß klebe ich ihm eine nach allen Regeln der Kunst.

»Wirst du jetzt aufhören oder nicht?« sage ich, »was hast du denn davon, wenn du dich so aufführst?«

»Tu doch endlich was, Chico, ich habe Angst.«

Er wirft mir die Arme um den Hals.

»Beruhige dich endlich, Darling«, sage ich, »du wirst sehen, alles wird gut, ist ja nichts passiert.«

Ich lege einen Arm um seinen Hals und streichle die blonde Perücke, dabei suche ich, sein linkes Ohr zu erreichen. Als ich dicht dran bin, stecke ich den kleinen Finger tief hinein. Er tut desgleichen mit meinem rechten Ohr.

Ich spreche mit mir selbst, ohne den Mund aufzumachen oder die Stimmbänder zu strapazieren. Meine Worte gelangen durch den Kleinfingernagel direkt ins Ohr von 00Josef.

Und mein Gehör vernimmt alles, was 00Josef sagt, durch seinen Kleinfingernagel.

»Heiliger Polykarp«, denke ich, »du bist ja ein Mime von Rang!«

»Spar dir deine Komplimente«, überträgt er über den kleinen Finger in mein Ohr, »die haben uns eine feine Falle aufgebaut.«

»Kann es nicht Windstärke 9 sein, der uns mit diesem gepanzerten Ding holen läßt?«

»Ausgeschlossen. Es besteht kein Grund, das System zu wechseln. Das übliche hat immer funktioniert. Ich fürchte, wir sind in den Händen der O. R. C. A. Wenn einer auch nur gehustet hat, wissen sie alles über uns, und es ist unnötig, die Schau von dem Turteltaubenehepaar weiter abzuziehen.«

»Besser, wir brechen die Vorstellung nicht in der Mitte ab, man kann nie wissen ...«

Gleich fängt er wieder zu schluchzen an.

Ganz sicher rasen wir in einem irrsinnigen Tempo auf der Autobahn dahin, nur sind die Kurven so weit und man spürt sie kaum.

»Verlieb dich nur nicht in mich«, denkt er in mein Ohr.

»Blödian«, denke ich zurück, »kannst du dir wirklich vorstellen, daß ich mich an den schaurigen Veilchengeruch gewöhnen kann, der mir dauernd in die Nase sticht? Jedenfalls können sie von mir nichts wissen und von dir auch nicht, zum mindesten, solange du deine Ehefrauenrolle glaubhaft weiterspielst.«

»Sie werden nie darauf kommen, daß ich keine Frau bin, nicht einmal, wenn sie mich nackt ausziehen. Wie soll's also weitergehen, der Boß bist du.«

»Die Schau geht weiter«, übertrage ich. »Wir spielen, solange es notwendig erscheint, dann sehen wir weiter. Setz dein ganzes Können ein, denn überall befinden sich Mikrofone und Fernsehkameras.«

Wieder fängt er, was Kehle und Augen nur hergeben, zu schluchzen an, wie wenn sie ihm die Waschmaschine gestohlen hätten. Ich nehme den kleinen Finger aus seinem Ohr und hake mich los, um die Bourbonflasche aus der Seitentasche holen zu können. Ich schraube den Verschluß ab und halte ihm die Flasche unter die Nase.

»Nimm einen Schluck, Schatz, das wird dich aufmuntern.«

»Nein . . . nein . . . was ist das für ein Zeug? Ich habe Angst, Chico!«

»Los, zier dich nicht so! Was Kräftiges kann nie schaden«, sage ich und stecke ihm die Flasche ins Maul. Er schluckt ein schönes Quantum, prustet dann ein wenig wieder heraus und und beginnt zu husten und zu würgen, wie wenn ihm alles in die falsche Kehle gekommen wäre.

Der Busen schnellt vor und zurück, und im gleichen Rhythmus ertönt die Hupe.

»Ich ersticke! Luft!« schreit er zwischen einem Huster und dem nächsten.

»Nur ruhig, Liebling, gleich ist es vorbei, dann schluckst du noch eine kleine Portion. Die spürst du gar nicht mehr. Im Gegenteil, eine sanfte Wärme wird sich in deinem Bäuchlein ausbreiten, die du durch deine bezaubernden Adern bis hinunter in deine Modellknie spürst.«

Ich leiste mir ein gutes Quantum für meine ausgetrockneten Innereien und lasse ihn dann noch ein paarmal kräftig schlukken. Ein Zittern durchläuft 00 Josef, er lehnt sich an meine Schulter und steckt seinen kleinen Finger ganz tief in mein Ohr, wie wenn er mir die Hirnschale durchlöchern möchte.

»Verdammt nochmal«, überträgt er, »welche Laus hat dich gebissen, daß du mir dieses schauerliche Zeug zu trinken gibst? Ich trinke nur Milch, du widerlicher Trunkenbold!«

»Du wirst schon merken, wie gut dir das tut, Darling«, sage ich, streichle seine blonde Perücke und stecke dabei meinen Finger in sein Ohr.

Ich übermittle ihm höhnisches Gelächter.

»Wenn ich schon deine schaurige Veilchenessenz riechen muß, kannst du dich auch an meinen Bourbon gewöhnen.«

»Fühlst du, um wieviel ruhiger du geworden bist, Schatz?« sage ich laut.

»Kann sein, du Schuft«, sagt er mir ins Ohr, »wir müssen jetzt einen Plan machen. Was hast du vor?«

»Keine Ahnung«, sage ich zu mir, »wir wissen ja nicht einmal, wohin sie uns verfrachten. Wenn das, was du mir vorhin über diesen teuflischen Krapa erzählt hast, stimmt, ist anzunehmen, daß sie uns zur U. R. C. C. bringen. Ich habe allerdings keine Ahnung, auf welche Weise wir über die Grenze kommen. Aber die O. R. C. A. wird auch dieses Problem gelöst haben. Jedenfalls bleiben wir dabei: Ich bin der Detektiv Chico Pipa, und wir haben vor zwei Jahren geheiratet. Vor wenigen Tagen sind wir erst von der Hochzeitsreise zurückgekommen, genau das, was der Leutnant Tram denkt. – Kein Geheimagent kann irgend etwas über mich ausgraben. Ich weiß nicht einmal, was die C. I. C. C. I. A. sein soll. Du bist eine Romantikerin und wolltest den Tunnel wiedersehen, wo wir uns zum ersten Mal geliebt haben. Nach dieser Zeit waren wir nicht mehr dort. Was den Rest betrifft, riskiere ich nichts, bei der Wahrheit zu bleiben über den Toten in der Auslage, das Mädchen mit den Fliegen und alles übrige. Das gehört zu meinem Beruf. Du spielst weiter die zärtliche Gattin, die keine Ahnung hat, was ihr Mann treibt, weil er immer unterwegs ist. Also los, mach weiter. Die Fernsehschau kann beginnen. Sonst ist nichts mehr zu bekakeln.«

Ich löse den Finger aus seinem Ohr.

»Meine Güte, wie du aussiehst!« sage ich. »Die ganze Wimperntusche läuft dir übers Gesicht!«

Er schnupft auf und flennt noch ein wenig weiter.

»Los, mein Schatz, bring dich ein bißchen in Ordnung!«

Er nimmt den Spiegel aus der Tasche und beschaut sich. »Ogottogott!« jammert er, »ich sehe ja zum Fürchten aus!«

Er zieht die Nadel aus dem Hut und nimmt ihn ab.

»Schau mir bitte jetzt nicht zu«, sagt er. Diskret drehe ich mich auf die andere Seite. Ich merke, daß er sich frisiert und die Augen trocknet.

Eine ganze Weile ist er mit seiner Wiedergutmachung beschäftigt. Ich muß mich ganz flach an die Wagentüre drücken, um nicht allzuviele Ellbogenstöße von diesem als Frau verkleideten Elefanten einzustecken.

Wir fahren immer weiter.

»Das hat man davon, wenn man einen Detektiv heiratet«,

sagt er, »wer weiß in was für eine wüste Geschichte du dich da hineinmanövriert hast!«

»Fang nicht wieder von vorne an, Puppe«, sage ich, »du hast genau gewußt, daß ich Detektiv bin, schon bevor wir geheiratet haben.«

»Ich habe mir aber nicht vorgestellt, daß du mich in deine Gangstergeschichten hineinziehst. Die anderen lassen ihre Frauen brav zu Hause«, mault er.

»Ich dich hineingezogen?« Ich haue mit der Faust auf das Armaturenbrett und spiele den Wüterich. »Jetzt behaupte nur noch, daß alles meine Schuld ist.«

»Meine ganz bestimmt nicht«, sagt er und pinselt sich neue Wimperntusche auf.

»Hör zu, Darling, du hast doch die glorreiche Idee gehabt, die Nacht an der gleichen Stelle zu verbringen, wo du mir zum ersten Mal die Geheimnisse deiner Jungmädchenseele entschleiert hast«, sage ich, ganz in meiner Rolle aufgehend.

Er seufzt. »Wie war das schön damals!« schwärmt er, schaut mich dann starr an, und es sieht so aus, als ob sich seine Schweinsäuglein wieder mit Tränen füllen wollten, »aber wohin geraten wir jetzt? Chico, ich sterbe vor Angst!«

»Ich weiß nicht, ich weiß wirklich nicht. Warten wir ab, irgendwas wird schon passieren«, sage ich.

»Du müßtest es aber wissen«, insistiert er, »du bist der Detektiv, nicht?«

»Geistreich wirst du jetzt auch noch?«

»Ich will ja nur sagen, daß du einen Fall bearbeitest, wahrscheinlich ein Verbrechen ... huhu ...«, plärrt er los, »eine Entführung, du sollst eine Entführung aufklären!«

»Wieso Entführung, ich kläre gar nichts auf, rein gar nichts, kann ich dir versichern.«

»Mir kannst du doch vertrauen, bin ich oder bin ich nicht deine Frau?«

Er macht ein Schmollmündchen und wirft den Lippenstift in die Tasche.

»Hör zu, Liebling«, sage ich und zünde eine Zigarette an, »ich habe nichts weiter getan, als in eine Auslage geschaut, in der ein Toter lag, mit einem Dolch in der Brust. Ich habe die Mordkommission rufen lassen, und als die angekommen sind, war der Tote verschwunden. Also haben sie sich in den Kopf gesetzt, daß ich mir mit ihnen einen Witz gemacht habe, und haben mich deshalb eingebuchtet. Das müßtest du doch am besten wissen: du selbst hast mich von dort herausgeholt, oder nicht?«

»Ich habe mir sowieso vorgestellt, daß du dem Leutnant wieder einmal eines deiner neckischen Scherzchen gespielt hast«, sagt er, »denn wenn's kein Scherz gewesen wäre, hätte nicht einmal ich dich von dort herausgebracht.«

Ich schnaube wie einer, der die Geduld verliert.

»Also gut, dann war's eben ein Scherz«, sage ich, »aber dann ist das hier auch einer, wobei es ganz unnötig ist, noch groß darüber zu diskutieren.«

Ich schaue auf die Uhr.

»Weißt du, daß es schon vier Uhr ist?«

»Vier Uhr?« sagt er, »oh, Chico, wo bringen die uns hin?«

»Quäl dich nicht. Ruh dich aus, was anderes können wir sowieso nicht tun. Ich lasse die Rücklehnen herunter, dann kannst du dich ausstrecken. Magst du noch einen Schluck Bourbon?«

»Nein«, sagt er.

Ich gieße mir eine Maxi-Portion ein, drücke die Zigarette aus und lasse die Rücklehnen herunter.

»So, mein Schatz«, sage ich, »die Scheinwerfer schalte ich besser aus, wir verbrauchen die Batterie ganz umsonst.«

Nachdem ich die Scheinwerfer ausgeschaltet habe, bleiben wir in völliger Dunkelheit.

»Ich habe Angst«, sagt er, während ich meine Lehne herunterlasse und mich neben ihm ausstrecke.

»Dummchen, denk an gar nichts. Wir sind allein in unserem alten Tunnel, mein Liebling!«

Er seufzt, dann höre ich einen Kuß schnalzen und einen leisen Schrei.

»Oh nein!« wispert er.

»Teufel, Teufel«, sage ich.

Ich haue ihn ans Schienbein.

»Aber was tust du denn, Darling, doch nicht jetzt ... nein ...«

Er stößt mir ein Knie in den Bauch, worauf ich meiner Kehle einen langen, schnalzenden Laut entschlüpfen lasse.

»Es sieht uns doch keiner«, sage ich, »und schließlich sind wir Mann und Frau, oder?«

Ich verpasse ihm einen Schlag in den Magen.

Chicolino!« seufzt er.

Wir unterhalten uns eine ganze Strecke lang mit Seufzern und liebestollen Geräuschen zur Irreführung derer, die uns zuhören.

Und die Reise geht weiter.

Es ist sechs vorbei, als ich auf die Uhr schaue. Die Sonne muß schon aufgegangen sein, aber in diesem verdammten Wagen ist es nach wie vor stockdunkel.

00Josef sagt nichts mehr. Scheinbar bearbeitet er die Saiten einer Gitarre mit einer Feile.

Im Dunkeln suche ich sein Ohr und nach einigem Herumtasten stecke ich den linken kleinen Finger hinein.

»He«, übertrage ich ihm, »schläfst du wirklich?«

Er fährt mit Schnarchen fort, drum drehe ich mich auf die andere Seite und mache die Augen zu. Die Federung ist weich, und so überlasse auch ich mich dem guten, alten Morpheus.

Siebentes Kapitel

In diesem Land sind die Stechmücken schon recht lästig – aber alles in allem ist der Empfang ganz zufriedenstellend.

Grelles Licht weckt mich auf.

Im ersten Moment glaube ich, es ist die Sonne, aber es sind mindestens ein Dutzend Sonnen, nämlich eine Menge Scheinwerfer.

Der Sitz neben mir ist leer, aber ich höre die Stimme von 00 Josef: »Chico, Hilfe, Hilfe!«

Ich springe aus dem Wagen. Zwei Burschen hängen sich an meine Arme, ich beuge mich plötzlich nach vorne, werfe sie auf den Boden und renne los.

00 Josef haut die Kürbisse von zwei anderen gegeneinander und häuft sie dann zu den zweien.

»Du bist noch recht gut in Form, Schatz«, sage ich.

»Hab' ich einen Schrecken gekriegt, Liebling!« sagt er und umarmt mich, »ich dachte schon, sie wollten mich vergewaltigen!« Wir befinden uns in einem riesigen Raum, groß wie ein Exerzierplatz. Vollständig leer. Ich sehe weder Fenster noch Türen, aber irgendwie müssen wir wohl hereingekommen sein.

Mein Wagen steht genau in der Mitte, mit offenen Türen und abgeschalteten Scheinwerfern.

Ich beschaue mir die vier Typen, die wir auf dem Boden deponiert haben. Sie tragen eine Art Uniform, so zwischen Mechaniker-Overall und Astronauten-Look, dunkelgrau mit Riemen und Riemchen, Schnallen und ähnlichen Scherzen. Um den Hals haben sie ein kurzes MG gehängt mit auffallend dickem Lauf.

Ich höre, daß einer jammert. Er hat wohl einen gebrochenen Arm, der in einem seltsam verbogenen Winkel unter seinem Rücken hervorschaut.

Die anderen drei schlafen mit den Köpfen auf ihren weißen Helmen, die von einem Riemen unter dem Kinn gehalten werden.

»Na also«, sage ich, »scheinbar sind wir doch irgendwo angelangt.«

»Das muß eine Garage sein, Chico«, sagt 00Josef und sieht sich um, »nur daß es keine Türen gibt.«

»Dasein muß aber eine«, sage ich, »wenn wir hereingekommen sind, kommen wir auch wieder hinaus. Inzwischen wird es gut sein, wenn ich mir eins von diesen Dingern da ausleihe.«

Ich beuge mich über einen der vier Soldaten, um mir ein MG zu nehmen, bleibe aber mit dem Lauf der Waffe in der Hand stehen. Da stimmt doch auf einmal einer ein genußvolles Gelächter an. Ich schaue 00Josef an und sehe, daß auch er sich umsieht.

»Laß gut sein, Pipa, was willst du denn mit dem Ding anfangen?« Ich weiß nicht, woher die Stimme kommt, aber sie ist so deutlich, daß man meint, der Redner stehe neben einem.

Ich nehme das MG und lege den Finger auf den Abzug, zum Losdrücken bereit.

»Wo bist du? Komm heraus!« brülle ich.

»Du brauchst nicht zu schreien«, sagt die Stimme, »ich höre dich auch, wenn du ganz leise sprichst.«

00Josef wirft seine Arme um meinen Hals, aber ich stoße ihn zurück.

»Schau, daß du weiterkommst«, sage ich, »setz dich in den Wagen und mach die Türen zu.«

»Ich bitte mir etwas mehr Höflichkeit gegen eine Dame aus«, sagt die Stimme, »ich mag Leute nicht, die Frauen schlecht behandeln, besonders nicht in meinem Haus.«

»Warum trittst du nicht zu einem Handkuß an?« frage ich.

»Jedes Ding zu seiner Zeit«, sagt die Stimme, »leg das Maschinengewehr hin, du kannst hier doch nichts mit ihm anfangen.«

Ich sehe, daß 00Josef in den Wagen gestiegen ist und mit aufgestütztem Riesenbusen aus dem Fenster schaut. »Wir werden ja sehen, ob ich nichts damit anfangen kann«, sage ich. Das Gelächter geht wieder los.

»Ich wäre wirklich neugierig zu sehen, wie du das machst«, sagt die Stimme.

»Komm heraus aus deinem Bau, dann zeig' ich dir's!«

Eine verdammte Stechmücke summt um mein linkes Ohr. Ich versuche sie mit der Hand zu verjagen, aber sie nimmt jetzt mein rechtes Ohr in Angriff. Ich jage sie wieder fort.

»Warum erschießt du sie nicht mit dem MG?« fragt die

Stimme und lacht wieder, »wenn du es schon hast, benütze es auch!«

Die verdammte Mücke schwirrt vor meiner Nase herum, entfernt sich und kehrt dann in die Nähe meines rechten Ohrs zurück.

Ich versuche, sie im Flug zu fangen, aber sie taucht hinunter und steigt dann wieder bis zu meinem Hals hinauf. »Teufel, Teufel«, sage ich.

»Weißt du, was mit ihr los ist?« sagt die Stimme wieder in recht fröhlichem Tonfall, »sie ist radiogesteuert. Ich kann sie fliegen lassen, wohin ich will. Es ist eine höchst simple Erfindung und zusätzlich noch recht unterhaltsam. Du glaubst mir nicht? Schau zu: zwei ganze Runden um den Kopf ... rechtes Ohr ... Schauflug vor dem Maschinengewehrlauf ... linkes Ohr.« Die Mücke befolgt jedes Kommando.

»Ich könnte sie auch auf deine Nase setzen, wenn ich wollte«, sagt er, »aber besser nicht. Besser für *dich* nicht. Sie wäre imstande, dich zu stechen, und weißt du, was dann passiert? Sie würde dich zerschmettern.«

Diesmal lache *ich*.

»Ist sie mit einem MG ausgerüstet?« frage ich.

Erneutes Gelächter.

»Das ist ein guter Witz«, sagt die Stimme.

Der Soldat mit dem gebrochenen Arm ist aufgestanden. Er hält den rechten Arm mit der linken Hand fest und sucht zugleich mit dem MG auf mich zu zielen. Er schaut mich mit schmerzverzogenem Gesicht an.

»Ich versichere dir, daß du mir letzten Endes doch glauben wirst«, sagt die Stimme, »behalte die Mücke gut im Auge.« Ich sehe, daß sie vor meinen Augen umherschwirrt und dann auf das Gesicht des Soldaten zugleitet, der jetzt ein paar Meter von mir entfernt steht. Sie setzt sich auf seine Wange. Nur einen Augenblick, dann fliegt sie weg.

Der Soldat bleibt unbeweglich stehen mit demselben Gesichtsausdruck und in der gleichen Stellung wie vorher. Wie versteinert.

Ich berühre ihn.

Er *ist* versteinert, Leute. Aus hartem kalten Stein. Eine Statue.

»Den modernen Wissenschaftlern gelingen unvorstellbare Dinge, findest du nicht auch?« sagt die Stimme. »Sicher verblüffendere als dem Schöpfer. Die Anophelesmücke verbreitete die Malaria, aber das sind kleine Fische. Wir haben ihre Leistungsfähigkeit gesteigert und sie gezähmt. Ist das nicht wunderbar?«

00 Josef läßt ein paar Schluchzer hören, um seine weibliche Sensibilität zu dokumentieren.

»Verlieren Sie wegen dem dort nicht die Nerven«, sagt die Stimme, »er war schon kaputt, und dann wollte er ja Ihren Gatten erschießen. Aber du, Pipa, hast noch keinen Blick nach oben riskiert. Schau einmal hinauf!«

Ich schaue.

Hunderte und Aberhunderte von Stechmücken kleben an der Decke.

»Ist das deine Luftflotte?« frage ich.

Er lacht wieder: »Genau«, sagt die Stimme, »meine Luftflotte. Gute Idee! Versuche sie mit dem MG zu zerstören.«

Ich werfe das Maschinengewehr auf den Boden.

»Also gut«, sage ich, »was willst du von mir?«

»Oh, endlich. Ich sehe, daß deine Intelligenz gesiegt hat. Wenn du dich benimmst, wie es sich gehört, brauchst du die Mücken nicht zu fürchten. Keiner hier macht sich was aus den Mücken.«

»Einverstanden, ich mache mir auch nichts aus ihnen. Sag mir wenigstens, warum man mich hergebracht hat und wo ich bin.«

»Nun höre gut zu; die Sache ist die«, sagt die Stimme diesmal ohne jede Ironie, »wir haben dich im Verdacht gehabt, daß du gewisse Dinge, die dich gar nichts angehen, zu komplizieren versuchst.«

»Unsinn«, sage ich, »aber nehmen wir einmal an, es stimmt. Wieso konntet ihr wissen, daß meine Frau und ich die Absicht hatten, den Abend in dem famosen Tunnel zu verbringen?«

»Gerade das ist die Bestätigung meines Verdachts«, sagt die Stimme. »Seit sechs Monaten habe ich meine Männer und Maschinen in dem Tunnel unterbringen lassen. Wir haben sichere Informationen erhalten über den Zweck dieses Tunnels. Wir wissen, daß es die Kontaktstelle der Geheimagenten von der C.I.C.C.I.A. ist. Du bist einer ihrer Agenten, Pipa!«

Ich höre die Wagentüre zuschlagen, dann steht 00 Josef vor mir, die strohgelben Locken bis zur Nasenspitze und mit Augen, die ihr beinahe in den Ausschnitt ihres Dekolletés rutschen.

»Wer ist diese Ciccia?« schreit er und haut mir eine runter, daß ich zwei Seitenschritte machen muß, um mich auf den Beinen zu halten.

»Ich gebe dir gleich eine Ciccia, du Schweinigel, du schweinischer!«

Teufel, Teufel.

Dieser Schmierenkomödiant läßt aber auch keinen Gag aus!

»Jetzt mach aber einen Punkt, Puppe«, sage ich, »ich weiß ja selbst nicht, wer diese Ciccia sein soll!«

»Du bist ein schäbiger Lügner«, fängt er wieder zu schluchzen an, »du hast mir geschworen, deinen ganzen Harem noch vor unserer Heirat zu liquidieren.«

»Beruhigen Sie sich, Signora«, sagt die Stimme, »die C.I.C.C.I.A. ist keine Frau, wie Sie glauben.«

»Was, keine Frau?« keift 00Josef und stützt die Arme in die Hüften, »und was ist sie dann, wenn keine Frau?«

»Eine Organisation«, sagt die Stimme.

»Jetzt hältst du natürlich zu ihm!« sagt mein 00Freund, »alle seid ihr gleich, ihr Männer, immer solidarisch, wenn's um uns arme Frauen geht!« Er dreht mir seine Kehrseite zu und flüchtet wieder in den Wagen.

»Die Ciccia!« sagt er noch, wirft sich auf den Sitz und stützt sich mit dem Kopf in den Armen auf die Lehne. Ich sehe seine Schultern zucken, wie wenn er über eine Straße voller Löcher fahren würde.

»Willst du mich mit meiner Frau entzweien?« sage ich, »hast du nicht eine bessere Geschichte auf Lager?«

»Du bist ein Agent der C.I.C.C.I.A.«, wiederholt die Stimme.

»Von mir aus«, sage ich, »da mir jede Möglichkeit fehlt, dich vom Gegenteil zu überzeugen, bin ich halt ein Ciccia-Agent, und jetzt kannst du mir von deiner Air Force die Nase bombardieren lassen.«

Er lacht.

»Nein«, sagt er, »es ist überhaupt nicht wichtig. C.I.C.C.I.A. oder nicht, ihr seid meine Gäste. Ihr könnt euch in meinem kleinen Reich mit unbegrenzter Freizügigkeit bewegen, und es wird euch so gut gefallen, daß ihr uns nie mehr zu verlassen wünscht, dessen bin ich sicher, ganz sicher, wollen wir wetten?« Er lacht wieder.

»Die ganze Sache scheint dich zu amüsieren«, sage ich.

»Und wie!« sagt er, »und sie wird auch dich als Mensch mit Humor, der du bist, amüsieren, wenn du erfährst, was wir in Vorbereitung haben. Ich habe vor niemandem Geheimnisse, nicht einmal vor Geheimagenten, die hier hereinschneien, denn sie kommen von hier nicht mehr weg. Weißt du, in einem gewissen Sinn macht es mir sogar Spaß, daß sie alles erfahren, es befriedigt mich!«

Jetzt schwirren keine Mücken mehr um mich herum, alle kleben sie nun an der Decke.

»Später wirst du jemanden kennenlernen, der dir viel Interessantes erklären wird, wovon du noch keine Ahnung hast«, fährt die Stimme fort, »du kannst alle Fragen stellen, die du willst, du wirst immer die richtige Antwort erhalten.«

»Eure Angelegenheiten interessieren mich nicht«, sage ich, »ich habe schon genug mit der Lösung meiner eigenen Probleme zu tun.«

»Du wirst schon noch draufkommen, wie sehr dich unsere Angelegenheiten interessieren«, sagt die Stimme, »deine Probleme treten dabei ganz in den Hintergrund.« Die drei Soldaten sind aufgewacht. Ich sehe sie sich bewegen, einer versucht auf die Füße zu kommen.

»Hinaus mit euch!« befiehlt die Stimme, dann ändert sich wieder ihr Ton, und sie fährt fort: »Sie hatten keinen Befehl, euch anzugreifen, sie sollten euch nur in eure Zimmer begleiten. Diesen Militärs ist eben nur wohl, wenn sie angreifen können.«

Die drei Soldaten nähern sich der linken Wand. Diese öffnet sich wie eine Kulisse, gerade so weit, daß sie durchkönnen.

Dann schließt sie sich wieder hinter ihnen.

»Signori«, fährt nun die Stimme fort, »willkommen in der *Kapitalistisch-Republikanischen Einheitspartei*. Ich, der Unterzeichnete, Dr. Lee Gialda, habe die Ehre, Sie in unserem kleinen Reich zu begrüßen«, sagt die Stimme mit einem kleinen Lachen, »bitte, folgen Sie mir.«

Die rechte Wand verschiebt sich geräuschlos. Eine etwa eineinhalb Meter breite Öffnung wird frei.

Ich gehe zum Wagen und nehme 00Josef am Arm.

»Gehen wir, Ciccia (Dicke)«, sage ich.

»Nenn mich nicht mit diesem Namen«, keift er.

Donnerwetter, er ist schon eine Nummer!

Mit hocherhobenem Kopf geht er auf die Öffnung zu, und ich folge ihm.

Dann bleibt er plötzlich stehen, so daß ich mit der Nase an seine Rückfront stoße.

Er dreht sich um und stemmt die Hände in die Hüften. »Ich will ein Zimmer für mich allein«, sagt er.

»Aber nein, Schatz«, sage ich, »was für eine Idee, das kann doch nicht dein Ernst sein!«

»Aber sicher, Sie werden ein Zimmer ganz für sich haben, Signora«, sagt die Stimme. »Was für ein Prachtstück, Pipa, und wie sie in Fahrt kommt, wenn sie wütend wird, etwas Besseres konntest du mir gar nicht bringen!«

»Was meinst du damit?« sage ich und balle die Fäuste.

Er lacht.

»Du wirst doch nicht eifersüchtig sein?« sagt die Stimme. Bis jetzt hatte ich noch nie Gelegenheit, mich eifersüchtig zu zeigen, und ich weiß wirklich nicht, wie ich mich aufführen soll. Ich versuche, mit den Zähnen zu knirschen, gebe der Wand einen Fußtritt, mache mit dem Arm eine unzweideutige Bewegung, aber ich fürchte, sehr überzeugend wirke ich nicht. Ich bin eben kein guter Schauspieler, aber ich gebe mein Bestes.

Ich werfe einen Blick auf den versteinerten Soldaten, der immer noch mit schmerzverzogenem Gesicht dasteht und sich den Arm hält.

00 Josef macht seine Tasche auf, nimmt den Spiegel heraus und beschaut sich.

»Ogottogott, wie ich ausschaue!« jammert er.

Der andere lacht.

»Sie werden alles Nötige in Ihrem Zimmer vorfinden, Signora«, sagt die Stimme.

Meine Frau schaut mich an und blinzelt mir zu. Dann dreht er mir seine beachtliche Rückseite zu und verschafft sich mit gerade ausgerichtetem Busen einen wirkungsvollen Abgang.

Er verschwindet am Ende des Korridors.

»Mach dir nichts draus, Pipa, sie wird schon wieder«, sagt die Stimme. »Man muß die Frauen nur zu nehmen wissen. Ich habe mir eben einen Film angeschaut, da hat es doch tatsächlich einer geschafft, seiner Frau die Angst auszutreiben. Ein großartiger Film, Pipa, besonders der Schluß, wo man nichts mehr sah, dafür aber um so mehr hörte. Ein in jeder Beziehung aufregender Sex-Film.«

Dann habe ich mich also nicht geirrt: Der Bolzen war tatsächlich das Auge einer Telekamera. Und dieser alte Widerling hat unserer rasanten Liebesszene zugeschaut und -gehört.

Mich überkommt eine unbändige Lachlust, aber unter Aufwendung meiner ganzen Energien gelingt es mir, nicht herauszuplatzen.

»Freut mich, freut mich«, sage ich, »seit Monaten war ich nicht mehr im Kino.«

Er lacht.

»Du kannst jetzt gehen, Pipa. In einer halben Stunde wird zu abend gegessen. Wir haben ein erstklassiges Restaurant hier, mit einer Küche, die dem Ritz in nichts nachsteht. Guten Appetit.«

Ich gehe den Korridor entlang. Er ist breit und ohne Türe. Nur graue und rosa Füllungen, eine neben der anderen bis ans Ende, ein Ausgang ist nicht zu sehen. Ich bemerke keine Stechmücken an der Decke. Wahrscheinlich ist die Luftflotte in der Nähe der Ausgänge umquartiert worden. Wahrscheinlich, denke ich mir.

Eine der Füllungen im Hintergrund öffnet sich, ich steige eine Treppe hinauf, die auf einem Vorplatz endet. Dann wieder ein Korridor, diesmal mit blauen und gelben Füllungen.

Rechts von mir rollt eine Füllung beiseite. Die Tür zu meinem Appartement, ohne Zweifel.

Ich betrete ein weiträumiges Zimmer mit einem Bett ohne Kopf- und Fußteil.

Einfache, moderne Möbel. Nur das Notwendigste: zwei Lehnstühle, ein paar Tischchen, ein Schrank, ein Spiegel. Keine Mücken an der Decke.

Ein grauer Spannteppich bedeckt den Boden. An der gegenüberliegenden Wand führt eine verschiebbare Füllung ins Bad.

Nirgends ein Fenster. Wir könnten ebensogut im tiefsten Erdinneren sein wie im letzten Stockwerk eines Wolkenkratzers.

Auf einem der Tischchen stehen unzählige Flaschen. Auch eine mit Bourbon, deren Inhalt aber nicht da ist, wo er hingehört. Dem helfe ich sofort ab und verlagere ihn in den einzig ihm zukommenden Platz, meinen ausgetrockneten Magen. Dann strecke ich mich auf dem Bett aus.

Nun ja, wir sitzen in der Falle.

Mit den Mücken als Wachtposten an den Eingängen.

Ich sehe, daß knapp unter der Decke rund um die ganzen Wände ein Gitter läuft. Es wird wohl die Frischluftanlage sein. Möglich, daß die Mücken dort drin versteckt sind, bereit, auf Befehl auszuschwärmen.

00 Josef hat recht: Die K. R. E. P. bereitet etwas Gewaltiges vor gegen unser Land, und ich bin ausgerechnet mitten hinein getappt.

Ich habe keinerlei offfziellen Auftrag, bin in keiner Geheimmission unterwegs, stimmt's? Für diese Sachen sind die Geheimagenten der C. I. C. C. I. A. zuständig: Wenn sie mir auch ein paar Nullen vor den Namen gesetzt haben, ich hab's wirklich nicht gewollt.

Ich möchte nur herausbringen, wer der Tote in der Auslage war und wo die Fliegen dieses Mädchens hingekommen sind. Der Rest geht mich nichts an. Soll 00 Josef schauen, wie er mit dem ganzen Wirrwarr fertig wird, verdammt nochmal!

Innerlich fange ich zu glühen an vor Wut, löschen kann ich sie nur mit Bourbon. Nach einer guten Dosis entspanne ich mich.

Wenn andererseits diese zwei Geschehnisse mit diesem Irren zusammenhängen, hätten mich meine Nachforschungen ganz sicher doch hierhergebracht.

So steht die Sache. Drin bin ich und muß nun sehen, wie ich wieder rauskomme.

Ich suche die Antenne in meiner Kinnspitze und ziehe sie fünfzig Millimeter heraus auf 00 Josefs Wellenlänge.

Ich warte eine gute Minute. Der Freund antwortet nicht.

Er wird schon zurückrufen, wenn er kann.

Ich stecke die Antenne wieder ins Kinn zurück und warte.

Ist schon ein toller Bursche! Keine Frau ist mir noch begegnet, die mehr Ehefrau war als er! Allerdings um achtzig Kilo zu gewichtig für meinen Geschmack, aber die hier wissen ja zum Glück nicht, welche Kragenweite ich habe!

Zehn Minuten vergehen, dann spüre ich ein Kitzeln am Kinn. Ich ziehe die Antenne wieder heraus und stecke den kleinen Finger ins Ohr.

Ich spreche so leise, daß nicht einmal ich selbst höre, was ich sage.

»Lage?« frage ich.

»Spitzt sich zu«, sagt 00Josef. »Er ist schrecklich aufgeregt. Mein Stromlinienleib scheint ihn in Ekstase versetzt zu haben.«

»Hast du ihn gesehen?«

»Nein. Hier herinnen hat ihn noch keiner gesehen. Er ist nur durch seine Stimme überall. Wenn es mir gelingt, ihn aus seinem Bau zu locken, haben wir's geschafft.«

»Wann?«

»Vielleicht schon heute. Er kann sich kaum noch beherrschen. Er sucht gerade ein grünes Kleid für mich, das sich farblich gut von der Tomatensauce abhebt.«

»Vergiß das Salz nicht«, sage ich.

»Laß mich nur machen. Du machst Dampf dahinter und versuchst, so viel wie möglich herauszukriegen. Wir sehen uns bei Tisch. Meinst du, ich soll noch die Beleidigte spielen?«

»Aber sicher. Spioniere nur, so viel du kannst.«

»Tu ich, aber zu sehen ist leider nichts. Nicht einmal ein Fenster, verdammt! Wo ich vorbeikomme, versuche ich den Plan der ganzen Zone im Gedächtnis zu behalten.«

»Ist gut. Ende.«

Ich stecke die Antenne wieder zurück und strecke mich aus. Meine Aufgabe ist nun, herauszubekommen, was sie vorhaben und wie wir uns von hier verdrücken können.

Achtes Kapitel

Man macht einige neue Bekanntschaften – ein Idyll mit Tomatensauce, das an seinem Höhepunkt unterbrochen wird – einige Aufklärungen.

Der Speisesaal ist ein fensterloser Raum mit ungefähr zehn gedeckten Tischen.

Dieser Saal ist mit einer Art Bar-Salon durch einen breiten Durchgang verbunden, der mit Fauteuils, ein paar Diwanen und einer kleinen Theke samt obligaten Flaschen ausgestattet ist. Ich werfe einen Blick um mich.

Höchstens sieben, acht Personen essen mit unheimlicher Hast und Gesichtern, wie wenn sie verfaulte Mäuse auf den Tellern hätten.

Ein magerer, weißhaariger Mensch kaut noch eifrig, während er den Saal verläßt.

Die anderen gedeckten Tische stehen noch voll mit schmutzigen Tellern und halbgeleerten Flaschen.

Wahrscheinlich bin ich zu spät dran.

Ich rieche akuten Veilchenduft, um mich nicht anders auszudrücken, und drehe mich um.

Es ist tatsächlich 00Josef in seinem gelben Tailleur, jedoch ohne Hut, und seine strohgelbe Perücke, helmartig aufgetürmt, wirkt nicht wie die Faust aufs Auge, sondern schon eher wie ein Tritt in das verlängerte Rückgrat.

»Ah, da bist du ja!« sage ich.

»Mit dir rede ich nicht mehr«, sagt er, geht rechts an mir vorbei und steuert direkt auf ein für zwei gedecktes Tischchen zu.

Ich folge ihm und setze mich gegenüber.

»Du hast keinen Grund zum Beleidigtsein«, sage ich, »die ganze Geschichte mit der Ragazza existiert nur in deiner Einbildung. Nie im Leben habe ich eine Ciccia gekannt.«

Er antwortet nicht, bedeckt seinen Vorsprung mit einer Serviette und beginnt eine Salzstange zu zermalmen.

Dann kommt einer, der ungefähr dreißig Haare mit schöner Regelmäßigkeit über seine Glatze verteilt hat, und stellt eine Schüssel auf den Tisch, die mit einem silbernen Deckel zugedeckt ist.

»Verfaulte Mäuse auch für uns?« frage ich.

Er geht, ohne mich auch nur anzusehen, und fängt an, das gebrauchte Geschirr an den Nebentischen abzuräumen.

Ich hebe den Deckel auf und sehe, daß die Schüssel mit Langusten, Rosenblättern, Krebsen, Trüffeln und japanischen Feigen gefüllt ist.

Ich lasse einen Pfiff los und starte zum Angriff.

So sehr bin ich mit dieser sympathischen Tätigkeit beschäftigt, daß ich gar nicht bemerke, wie die anderen Essensgäste nach und nach verschwinden. Als ich die Augen von meinem Teller hebe, ist der Saal leer.

Nicht ganz jedoch, Freunde. An einem gewissen Punkt bleibt mein Geschau an einer Symphonie von Formen hängen, die auch eine volle Sauerstoffflasche ihre vorgeschriebene Tätigkeit einstellen ließe.

Es handelt sich, technisch und kalten Blutes betrachtet, um ein Paar übergeschlagene Beine, aber ein Beobachter mit auch nur einem Minimum an Sensibilität kann sich mit dieser trockenen und verallgemeinernden Beschreibung nicht begnügen.

So sehr ich mich bemühe, die richtigen Worte zu finden, ich schaffe es bestimmt nicht, Ihnen eine auch nur annähernd exakte Idee der Wirklichkeit zu übermitteln, drum gebe ich auf. Ich habe sofort heraus, daß dieses Spiel mir zu Ehren inszeniert ist, so quasi als Benefizvorstellung. Die Besitzerin der, sagen wir also schlicht – Beine – ist auch in den oberen Regionen nicht so ohne, wenn diese auch mit den unteren nicht Schritt halten können.

Ein himmelblaues, ärmelloses Kleidchen reicht ihr bis zum Hals. Die Haare sind mit einem in der Farbe zum Kleid passenden Band im Nacken zusammengehalten.

Kaum habe ich sie im Blickfeld, formt sich der rote, üppige Mund zu einem Lächeln, und die großen, braunen Augen verweilen konstant auf meiner Nasenspitze.

Sie hat den Stuhl etwas vom Tisch gerückt, um die Beine ins günstigste Licht zu rücken, da sie vorher vom Tischtuch teilweise verdeckt waren. Die ganze Schau hat sie pfeilgerade auf mich ausgerichtet.

»Drück dich!« sage ich hinter meiner Serviette, während ich mir den Mund abwische.

00 Josef wirft einen Blick auf das Mädchen, stützt die Hände auf den Tisch, schiebt seinen Stuhl zurück und springt auf.

»Herzensschatz!« rufe ich aus und versuche, ihn an einem Ärmel zurückzuhalten, aber er weicht mir aus und entfernt sich mit geradeaus gerichtetem Busen.

»Freie Fahrt!« zischt er, als er an dem Mädchen vorbeikommt, und stampft dann, mit einer Wolke Veilchenparfum im Kielwasser, hocherhobenen Hauptes zur Türe.

»Eifersüchtig?« fragt Miss Bein.

Ich stehe auf und lege die offene Zigarettenpackung vor sie hin.

»Und wer wäre das nicht?« sage ich, »Schauspiele wie diese könnten in Millionen Familien einen kalten Krieg entfesseln.« Sie nimmt eine Zigarette, und ich gebe ihr Feuer.

»Danke«, sagt sie, »hast du sie aus Liebe geheiratet?«

»Nein«, sage ich, »ich gehöre zu denen, die mehr auf Quantität, als auf Qualität achten. Mein Ideal wäre gewesen, drei auf einmal zu ehelichen. Geht leider nicht.«

Sie lacht.

»Was für eine Art Genie bist du?« fragt sie. »Was hast du für ein Spezialfach? Chemie, Physik, Biologie, Elektronik? Oder bist du nur ein Geometer, der das Bad des Großen Boß ausbauen soll?«

»Nichts von alledem«, sage ich, »ich bin ein simpler Privatdetektiv.«

Sie reißt die Augen auf, wie wenn ich plötzlich die Farbe gewechselt hätte wie ein Chamäleon.

»Und was macht hier drinnen ein Privatdetektiv?«

»Nichts, ich bin nur aus Versehen hier.«

Sie steht auf und flüstert ganz nahe an meinem Mund. »Gewisse Irrtümer muß man teuer bezahlen«, flüstert sie und lehnt sich dann mit ihrem ganzen Gewicht auf meine Lippen. Ich muß sie von mir losschrauben, wenn ich weiterhin auf dem üblichen Weg Luft in meine Innereien kriegen will.

»Ich lebe ja noch«, sage ich, »einen Moment habe ich geglaubt, du bist mit den gleichen Energien aufgeladen wie die Mücken. Hier herum muß man auf alles gefaßt sein.«

Sie lacht und streichelt mein Jackenrevers.

»Es könnte auch schlimmer kommen«, sagt sie.

»Ich nehme das Risiko auf mich«, sage ich, »warum verlagern wir uns nicht in die Nähe einer Bourbonflasche? Dabei redet sich's leichter.«

Wir gehen zur Bar.

Der Saal ist verwaist. Sie sind wirklich alle gegangen, einer nach dem anderen. Und dieses Wunderkind hier macht die Honneurs, sie soll mir wohl die richtigen Antworten auf meine Fragen geben.

Miss Bein geht hinter die Theke und nimmt eine Flasche und zwei Gläser.

»Ein langweiliger Laden«, sage ich, »da ist's ja auf einer Beerdigung noch fideler.«

»Hier sind wir in einem Tempel der Wissenschaften«, sagt sie. »Die Devise lautet hier: Setz eine harte Maske auf und lege sie nie mehr ab. Lachen ist verboten.«

Sie stellt Gläser und Flaschen auf ein Tischchen neben dem Diwan und knipst dann die Lampen aus bis auf eine kleine Leuchte über der Bar.

»Gefällt dir dieses trauliche Eckchen?« sagt sie.

»Großartig«, sage ich.

Wir setzen uns auf den Diwan, und ich fülle die Gläser.

»Du hast aber deine harte Maske nicht aufgesetzt«, sage ich.

»Ich gehöre nicht zu dieser Bruderschaft«, sagt sie. »Ich brauche nicht in irgendeinem Labor zu experimentieren. Ich bin eine Art Hausherrin. Ich muß nur darauf achten, daß alles richtig läuft und alle zufrieden sind.«

»Willst du damit sagen, daß du mit den anderen die gleiche Praxis anwendest wie jetzt mit mir?«

»Aber nein! Mit dir ist es etwas anderes. Du bist der einzige, der da herinnen nicht von Insekten redet. Sie haben keinen anderen Gesprächsstoff als Käfer und Protonen. Sie ekeln mich an.«

»Auch die Protonen?«

»Sicher«, sagt sie, »ich habe zwar noch nie welche zu sehen bekommen, aber ich stelle sie mir auch als so eine Art widerlicher Käfer vor!«

Ich nehme einen Schluck Bourbon. Ganz langsam lasse ich ein gutes Quantum durch meine Kehle fließen. Dabei versuche ich, in ihren braunen Augen zu lesen. Tief in ihnen schlummert Eiseskälte, die sie aber geschickt hinter dem Schleier ihres treuherzigen Geschaus verbirgt. Ein allerdings sehr durchsichtiger Schleier, der von einem Moment zum anderen fallen und das zeigen könnte, was sie wirklich ist: eine Frau, bei der vergleichsweise Granit weich wie Butter oder ein Polareisblock eine warme Unterkunft ist.

Ich stelle mein Glas auf den Tisch.

»Du hast mir noch nicht gesagt, wie du heißt«, sage ich.

»Amara«, antwortet sie. Sie nähert ihren Mund dem meinen, und ich versuche ihn.

»Dein Name ist zwar bitter, aber der Nachgeschmack ist gut!« sage ich.

Sie lehnt sich an meine Schulter, steckt ihre Hand unter mein Jackett und beginnt, mein Hemd zu liebkosen.

»Warum unterhalten wir uns nicht über diesen wunderbaren Ort, in dem wir diesen prächtigen Kuraufenthalt genießen?«

»Wenn es dir Spaß macht«, sagt sie und lacht, »du hast mir ja gesagt, daß du Privatdetektiv bist, also finde ich deine Neugier absolut gerechtfertigt.« Sie seufzt, ich stecke ihr ein Stäbchen in den Mund und zünde es an.

»Das hier ist kein Grand Hotel«, fährt sie fort, »sondern das Studio-Zentrum der O.R.C.A. Hier realisieren die besten Köpfe des Landes ihre Ideen unter der Leitung des Dr. Lee Gialda, dem größten Genie aller Zeiten. Leonardo da Vinci war im Vergleich der Erfinder der Papierschiffchen.«

Ich erlaube mir ein ironisches Grinsen, und in Miss Beins Augen taucht ein kurzer Wutblitz auf, den sie aber sofort mit einem Lächeln überspielt.

Diese da ist eine der gefährlichsten Fanatikerinnen, die ich je getroffen habe.

»Dank ihm hat die K.R.E.P. die ganzen Verteidigungskosten aus dem Etat gestrichen«, sagt sie, »diese Bekanntmachung hat die ganze Welt in Erstaunen versetzt, und für alle war diese Tat der Anstoß zur endgültigen Abrüstung. Und so haben alle Nationen ihre Armeen aufgelöst.«

Sie streichelt mein Haar.

»Ein großartiger Witz!« sagt sie. »Wir haben ein tiefgekühltes Heer, und keiner weiß davon. Ein Befehl genügt, um es aufzutauen und unseren ganzen Planeten zu überrennen.«

Es gelingt ihr nicht ganz, aus ihren Worten eine gewisse Siegesgewißheit herauszuhalten, es klingt, als ob sie selbst die ganze Soldateska in die Tiefkühltruhe verstaut hätte.

»Ich liebe Tiefgekühltes«, sage ich.

»Das Projekt, das die Zentrale in diesen Tagen verwirklichen will, ist wirklich grandios.«

»Haben die Käfer etwas damit zu tun?« frage ich.

»Nicht eigentlich«, sagt sie. »Wenn wir auch die Möglichkeit in Betracht gezogen haben, uns dieser wirkungsvollen Verbündeten zu bedienen. Wir haben die Idee jedoch fallen gelassen, als wir durch unsere Geheimagenten erfuhren, daß sich dein Land auf einen Krieg vorbereitet.«

Diesmal bin ich ehrlich erstaunt.

»Mein Land bereitet einen Krieg vor?« frage ich.

»Allerdings«, sagt sie und drückt ihre Zigarette aus, »du kannst das nicht wissen, sie sagen ihn erst an, wenn sie alle Vorbereitungen beendet haben. Wir sind jedenfalls *vor* ihnen bereit, wenn es auch noch eine kleine Schwierigkeit zu überwinden gibt.«

»Ah, es gibt also auch bei euch Schwierigkeiten!« sage ich. Mir scheint, das geht ihr unter die Haut. Ohne Zweifel Wut!

»Das Problem der Fortpflanzungsmöglichkeit war noch zu lösen«, sagt sie, »aber wir haben erfahren, daß Professor Vengiò es gelöst hat.«

Ich will einen Pfiff loslassen, halte mich aber zurück.

»Der Professor Vengiò ist hier?« frage ich.

»Kennst du ihn?«

»Ich habe von ihm gehört«, sage ich.

»Er ist die größte Kapazität der ganzen Welt auf dem Gebiet der Insektenforschung. Er lehrt Biochemie an der Universität von Bastala. Er ist vor einigen Monaten voller Enthusiasmus hergekommen, aber als er erfuhr, was wir von ihm wollten, hat er seine Mitarbeit verweigert.«

Langsam fange ich an, die Sache im richtigen Licht zu sehen, wenigstens was die interne Situation betrifft.

Hier gibt es einen Fachmann, der seine Mitarbeit verweigert, und diese Leute hier müssen wütend darüber sein. Diese Mitarbeit schein unumgänglich notwendig für sie, um dahin zu kommen, wo sie hinkommen wollen.

Ich habe ja erlebt, was ihnen mit den Mücken gelungen ist – und das, was sie jetzt im Sinn haben, wird wohl noch ärger sein.

Kein Zweifel, es handelt sich um die Fliegen.

»Haben die Fliegen damit zu tun?« frage ich.

»Allerdings«, sagt sie, »haben die Fliegen damit zu tun. Nur daß statt der Fliegen du dahergekommen bist.«

Dann hat der Stierschädel im Haus Vengiò die Fliegen gesucht, aber es ist ihm danebengelungen. Ein anderer hat sie ihm vor der Nase weggestohlen. Wer war das? Und was wollte er damit? Miss Bein gibt sich honigsüß.

»Und das ist ein ganz besonderes Pech für den Professor Vengiò«, sagt sie, »man muß ein wirkungsvolleres System finden, um ihn zu überzeugen. Dr. Lee ist sicher, daß er bei mir weich wird, glaubst du das auch?«

»Du nicht?«

Ich merke, daß sie die sinnliche Tour einschaltet.

Sie lächelt und beginnt dann, meine Jacke aufzuknöpfen. Das Kinn juckt mich in regelmäßigen Abständen. Das kann nur 00Josef sein mit einer dringenden Botschaft.

»Sicher bin ich viel schneller weich zu kriegen«, sage ich.

Ich lehne mich vor und küsse sie. Mit einem einzigen Kuß könnte ich sie töten, und ich bin sicher, daß ich damit ein Wesen, gefährlicher als die Atombombe, aus der Welt schaffen würde.

Aber ich widerstehe der Versuchung.

Während ich mich niederbeuge, entferne ich mit der Zunge die Kapsel meines rechten, zweiten Backenzahns. Ich presse meine Lippen kräftig auf ihren halbgeöffneten Mund und lasse meinen ganzen Atem in sie hineinströmen.

Sofort schließt sie die Augen und entspannt sich. Die Arme fallen ihr herab.

»Gute Nacht, Kleine«, sage ich.

Ich hebe ihre Lider leicht an und entferne die Kontaktlinsen. Sie hat hellgraue, eiskalte Augen.

Ich werfe die Haftschalen zu Boden und zertrete sie mit dem Absatz zu Staub, stelle dann die subkutane Antenne und den Empfangsfinger auf die richtige Wellenlänge ein.

Ich höre 00Josef überstürzt sprechen.

»Es ist keine Zeit zu verlieren«, sagt er, »wenn wir uns nicht schnellstens verdrücken, sind wir im Eimer. Für mich ist der total übergeschnappt, er wird gleich aus der Haut fahren. Er hat sich einen grünen Vorhang geben lassen und bereitet die Tomatensauce vor. In Kürze wird er in mein Zimmer kommen. Es ist das erste Mal, daß er seinen Bau verläßt, und wenn wir diese Gelegenheit nicht ausnützen, dann ade, du schöne Welt! Hast du etwas erfahren?«

»Nicht viel«, sage ich. »Der Professor Vengiò wird hier gefangen gehalten. Er ist wohl der Vater von dem Fliegenmädchen. Hier bereiten sie eine Art Invasion der ganzen Welt vor mit Hilfe der Fliegen, und es scheint, daß der Schlüssel zu dieser Erfindung in den Händen des Professor Vengiò liegt, der aber sein Geheimnis nicht preisgibt. Wenn wir es schaffen, zusammen mit ihm hier herauszukommen, bin ich ziemlich sicher, daß ihr ganzes Projekt in die Binsen geht.«

»Viel ist es nicht, aber immerhin etwas«, sagt er. »Du mußt sofort handeln. Ist die Ragazza bei dir?«

»Ja, sie schläft.«

»Gut. Sie mußte dich von mir fernhalten, um diesem Idioten die Möglichkeit zu geben, seine bestialischen Instinkte an einem Prachtgeschöpf auszutoben, womit ich gemeint bin. Weißt du, wo die Kommandozentrale ist?«

»Nein.«

»Beim Eingang zur Bar ist eine Treppe, gehe sie ganz hinauf. Geradeaus am Ende des Korridors ist ein Spiegel, der aber keiner ist, sondern ein Radiationsvorhang mit Rückstrahlung. Wenn du den Korridor weitergehst, findest du am Ende den Kommandoraum. Bist du dort, gib mir ein Signal durch.«

»Gute Unterhaltung.«

»Laß mich nur machen. Ende.«

Ich ziehe die Antenne ein und stehe auf.

Ich lege Miss Bein etwas bequemer auf den Diwan, leere das noch volle Glas Bourbon zur Hälfte und verschwinde.

Ich gehe die Treppe hinauf, durch den Spiegel und bin dann im Kommandoraum.

Kaum drinnen, lasse ich einen Pfiff los.

Ich habe den Eindruck, in der Kabine eines Raumflugzeuges zu sein. Die Wände sind bedeckt mit Quadranten, Hebeln, Knöpfen, Löchern, Steckdosen usw. Zwei Reihen Fernsehschirme, darunter eine Schräge, wieder mit Hebeln, Knöpfen und ähnlichem. Brennende und ausgeschaltete Lampen und Lämpchen.

In der Mitte ein Sessel auf Rädern.

Jeder Monitor zeigt einen Raum, und so ist anzunehmen, daß der ganze Gebäudekomplex unter Kontrolle ist.

Ausgezeichnet. Auf dieses Zeug bin ich recht gut vorbereitet. Da habe ich in der Trainingszentrale der C.I.C.C.I.A. noch ganz andere Dinge zu sehen gekriegt. 00Josef ist noch allein in seinem Zimmer. Er sitzt auf dem Bett und poliert sich die Nägel. Dabei pfeift er vor sich hin.

Auf einem anderen Monitor sehe ich meinen Blimbust mitten in einem leeren Raum stehen.

Vor jedem Bildschirm ist ein Dutzend silberne Pfeile angebracht. Ich weiß sofort, zu was. Die Mücken sind nämlich überall hinter den Frischluftgittern.

Vier Bildschirme zeigen ein großes Labor mit eisernen Treppen, Brücken, Akkumulatoren, Kabeln, Tischen, Kathodenröhren, elektrischen Apparaten und was-weiß-ich-noch-alles.

Gruppen von Männern und Frauen beschäftigen sich da und dort mit Proben, Mikroskopen, Pinzetten, Mikropinzetten, Pinzomikretten und Instrumenten verschiedenster Art. Einige von den Leuten erkenne ich aus dem Speisesaal wieder. Ich stelle mein Übertragungsgerät und den Empfänger an, damit ihre Stimmen bis zu mir dringen.

Die weißhaarige und -bärtige Type mit blitzenden Augen und einem grausamen Grinsen, das ihr bis zum Nabel reichen muß, seziert gerade eine Libelle. Zwei Frauen und mehrere Männer assistieren am Operationstisch, während eine robust aussehende Frau versucht, einen grauhaarigen Mann festzuhalten, der scheinbar die Absicht hat, die Operation zu verhindern.

»Das ist Mord!« schreit der bebrillte Wüterich und packt den Weißbärtigen am Arm.

»Lassen Sie mich in Ruhe! Bringt ihn weg!« schreit der Weißbart seinerseits und befreit sich aus dem Griff. Mit einem kleinen Hüsteln bereite ich mich vor und spreche dann ins Mikro.

»Ist schon gut, Kinder«, sage ich, »laßt alles liegen und stehen, wir machen nicht weiter.«

Alle stehen stramm und heben die Köpfe.

Weißbart hält Messer und Pinzette in den erhobenen Händen.

»Was heißt das, wir machen nicht weiter?« fragt er.

»Das heißt, wir machen nicht weiter«, wiederhole ich, »schmeißt den ganzen Kram in den Mülleimer.«

Der Effekt sieht ungefähr so aus, wie wenn man diverse Kübel mit eiskaltem Wasser über die ganze Gesellschaft geschüttet hätte.

Der erste, der sich von der kalten Dusche erholt, ist der bebrillte Wüterich. Ich sehe, daß er die Augen aufreißt und ein strahlendes Lächeln sich blitzartig von einem seiner Ohren zum anderen ausbreitet.

»Wir machen nicht weiter?« schreit er, »habt ihr verstanden? Man macht nicht weiter! Es wird alles abgeblasen!«

Er wirft sich auf den Operationstisch, fegt mit ein paar Handbewegungen die ganzen Instrumente herunter und packt die Libelle. Ich höre einen Wutschrei.

Er kommt vom Weißbart, der sich an den Rücken des Wüterichs klammert und versucht, ihn zu Boden zu werfen. Alle anderen stürzen sich auf ihn.

Schläge, Püffe, Ohrfeigen, Reagenzgläser, Mikroskope fliegen herum.

Der wütende Brillenträger ist gar nicht mehr wütend, er hat auch keine Brille mehr. In einem Moment ist er von den anderen überwältigt, und je mehr sie ihn mißhandeln, desto zufriedener sieht er aus, die ganze Wut hat sich auf seinen Widersacher übertragen.

Weißbart ist es gelungen, seinen Feind am Kragen zu packen, er beutelt seinen Kopf und versucht, ihm das zufriedene Lächeln aus dem Gesicht zu schütteln, aber er schafft es nicht.

»Genug!« rufe ich, »gebt jetzt Ruhe!«

Einige bleiben stehen, einige nicht. Weißbart beutelt weiter den Kopf in seinen Händen.

»Du Lump! Du Strolch!« schreit er, »das wirst du mir bezahlen!«

Ich drücke auf einen der Hebel. Auf vier der Monitore, die das Labor zeigen, sehe ich hunderte schwarzer Punkte in der Luft schweben.

Stechmücken.

Mit den silbernen Pfeilen manövriere ich ein halbes Dutzend von ihnen auf die Köpfe dieser Herren und vor Weißbarts Nase. Ich sehe, daß alle Augen sich mindestens auf ihr doppeltes Volumen vergrößern und jeder jeden übertrumpfen will im Erbleichen. Weißbart siegt.

Er wird so blaß, daß sein weißer Bart sich gegen seine Haut dunkel abhebt.

Er läßt den Kopf zwischen seinen Händen los und macht ein paar Schritte nach rückwärts, aber ich dirigiere die Mücken so, daß sie immer zwei Schritte vor seiner Nase bleiben.

Er beginnt zu zittern.

»Dr. Lee«, sagt er, »sind Sie wahnsinnig geworden?«

Ich gebe ihm keine Antwort.

»Professor Vengiò« sage ich, »stehen Sie auf und gehen Sie hinaus.«

Der Exwüterich steht zwar auf, scheint aber perplex.

»Ich kann's noch nicht glauben«, sagt er, »wollen Sie sagen, daß ich frei bin und gehen kann, Dr. Lee?«

»Erst müssen wir den Ausgang finden«, sage ich, »erwarten Sie mich an der Bar.«

Eine Frau zetert: »Das ist ja gar nicht Dr. Lee!«

»Dr. Lee, wo sind Sie?« schreit der Weißbart.

»Dr. Lee ist sehr beschäftigt«, sage ich, »machen Sie schnell, Professor!«

»Dann ist's also wirklich wahr!« jubelt der Professor. »Mörder, lauter Mörder! Ihr werde euer verdientes Ende finden!«

Ich sehe, wie sich der Professor einem Panzerschrank nähert.

»Wo geht er hin? Haltet ihn auf!« schreit ein magerer Mensch in einem total zerfetzten weißen Kittel.

Einige versuchen zu reagieren, aber ich schicke ein paar Mücken hinunter, und ihr Elan legt sich sofort.

»Bevor ich gehe, habe ich noch eine kleine Arbeit auszuführen«, sagt der Professor.

»Machen Sie schnell«, sage ich, »wir haben keine Minute zu verlieren.«

So sehr sich einige bemühen, keiner kann noch blasser werden als er schon ist.

»Er ist verrückt«, sagt einer.

Der Professor macht die Tür des Panzerschrankes auf, nimmt eine gläserne Dose heraus und trägt sie vorsichtig in die Mitte des Labors.

Große Schweißtropfen sammeln sich auf allen Stirnen. Gerade als ich mich auf die Glasdose konzentriere, signalisiert mein Radargerät höchste Alarmstufe.

Ich verlagere mich blitzartig nach links, gerade noch rechtzeitig, um einem Schlag auszuweichen, der mich dadurch nur an der Schulter streift.

Ein Blitz, ein Krachen von zerberstendem Glas.

Eine mir bekannte, düstere Figur, ist, statt meinen Kürbis zu bearbeiten, mit dem Kopf voran bis zum Bauch in einem der Fernsehschirme gelandet.

Einen Moment später schraubt sich Stierschädel wieder heraus. Eine Drahtspule steht ihm aus dem Maul, und die dazugehörende Sicherung steckt in einem seiner Ohren.

Ich muß den Kommandotisch sich selbst überlassen, um den Schlag, den ich aufs Kinn einstecken soll, zu parieren. Ich bücke mich und strecke ein Bein aus.

Stierschädel haut sein Hirn auf den Fußboden und zertrümmert dabei eine mindestens vier Finger dicke Granitplatte.

Er springt auf und bereitet einen Schlag vor, der mich ohne weiteres in der Mitte spalten würde.

Er streift aber nur meinen Ärmel und haut mit der Handkante wie mit einer frischgeschliffenen Axt die hölzerne Stuhllehne bis hinunter zum Sitz durch.

Er hat einige Zeit zu tun, die Hand herauszuziehen, und so bleibt mir Zeit, ihm die Hosen auszuziehen und mit ihnen seine Arme zu fesseln. In eine der Hosentaschen stecke ich seinen Kopf. Dann werfe ich einen schnellen Blick auf die Monitoren.

Der durchgebrochene fällt natürlich aus, aber auf den übrigen kann ich sehen, was im Labor vor sich geht.

Die nicht mehr gesteuerten Mücken fliegen überall frei herum, aber es scheint, die Leute da unten fürchten sich gar nicht mehr so sehr vor ihnen.

Ich wechsle das Objektiv einer Kamera, um eine Großaufnahme der Dose zu bekommen. Deutlich sehe ich sie jetzt offen auf einem Tisch in der Mitte des Labors stehen.

Fünf Fliegen sind noch drin, zwei sitzen am Rand, eine fliegt eben los.

Unbeweglich stehen alle da und verfolgen den Flug der anderen Fliegen, die da und dort herumschwirren.

»Um Gottes willen! Hilfe!« brüllt einer.

Eine Frau fällt ohnmächtig unter eine Eisentreppe.

Der ebenfalls unbewegliche Weißbart schielt terrorisiert auf eine Fliege, die auf seinem weißen Kittel in Höhe der linken Achsel herumspaziert.

»Macht um Himmelswillen keine Bewegung!« schreit eine Frau. Eine Fliege hat sich auf ihre Stirn gesetzt. Sie schließt die Augen und bleibt starr stehen.

Der Professor Vengiò hat das Labor verlassen. Ich sehe ihn auf einem anderen Bildschirm, wie er eine Panzertüre mit kleinen Riegeln verschließt.

Ich schicke die Mücken wieder ins Körbchen und werfe einen Blick auf den Monitor, der das Zimmer von 00 Josef zeigt. Ich knipse Sender und Empfänger an.

Der Gute liegt, in einen grünen Vorhang gehüllt, auf dem Bett. Vor dem Bett steht ein dicker Mensch in einem rosa Pyjama. Auf seine kahle Stirne sind rosa Blumen mit blauen Blättern gemalt. Die Augen kugeln ihm fast aus den Höhlen,

Speichel tröpfelt ihm aus dem Maul, er hält eine Riesenschüssel voll Tomatensauce.

»Ich esse dich auf«, sagt er und bläht die Nüstern, »ich esse dich ganz und gar auf!«

00Josef schaut zu ihm auf und trällert: »Das Dickerchen, das lose, beträufelt mich mit Sauce!«

Dann dreht er sich dreimal um sich selbst, wie wenn er an einem Spieß stecken würde und bleibt schließlich starr liegen.

»Ich esse dich ganz und gar!« fährt der Dicke fort und leert einen riesigen Löffel Tomatensause über 00Josef.

»Alles o. k.!« schreie ich, »lauf zur Bar!«

00Josef entwindet dem Dicken die Schüssel und leert sie über seiner Glatze aus, wickelt ihn dann in den grünen Vorhang und bindet ihn an einen Bettfuß. Ich schalte alle Kontakte aus, verpasse dem Stierschädel noch einen zusätzlichen Tritt und renne los. Ich sause die Treppen hinunter und pralle im Korridor auf 00Josef.

»Schnell«, sage ich, »laufen wir zur Bar, den Professor abholen, und dann nichts wie weg.«

»Weißt du, wo der Ausgang ist?«

»Nein.«

»Ich auch nicht. Das Ganze ist ein verdammtes Labyrinth.«

Der Diwan in der Bar ist leer. Miss Bein muß aufgewacht und verschwunden sein. Keine Zeit, darüber nachzudenken. Professor Vengiò kommt herbeigeeilt.

»Wo ist der Ausgang?« ruft er.

»Wer kann das wissen?« sage ich, »wir müssen ihn suchen.«

Alle drei rennen wir den Korridor entlang, sausen eine Treppe hinunter und sind wieder in einem Korridor. Im Hintergrund ist ein Spiegel.

»Nichts wie durch den Spiegel!« schreit 00Josef.

Wir werfen uns gegen den Spiegel und landen unter dem Getöse von zerbrechendem Glas vor einer Mauer.

»Teufel, Teufel«, sage ich, »es war wirklich ein Spiegel!«

00Josef ist als erster wieder auf den Beinen. Er schlägt einen Haken in einen querlaufenden Korridor und kommt in einen riesigen Raum voller Kisten.

Genau in der Mitte springt ihn ein halbes Dutzend Soldaten an. Vier schmeißt er an die Decke, einer hängt sich an seine Rückseite, und ich sehe, wie dieser seine Hände unter den Achseln durchschiebt und ihn an der Brust packt.

Sofort schießen aus seinem üppigen Busen zwei Maschinengewehrsalven heraus und mähen die anderen Soldaten, die sich auf ihn werfen wollen, mitten im Angriff nieder.

»Dankeschön«, sagt 00Josef und packt den Soldaten, der nur mehr zittert, am Kragen. »Jetzt bringst du uns zum Ausgang, wenn du deine Unterhosen jemals wiederhaben willst.«

Der Soldat zittert nicht, er vibriert wie bei einer Elektroschockbehandlung, aber gehen kann er trotzdem.

Wir gelangen ans Ende des Raumes. Mit der Stiefelspitze klopft er gegen den Mauersockel, und die Wand schiebt sich wie eine Kulisse zurück.

Derselbe Raum liegt vor uns, in den sie uns heute morgen hereingeschafft haben. Mein Blimbust steht immer noch mit offenen Türen in der Mitte.

»Aufmachen!« kommandiert 00Josef.

Der Soldat geht zur gegenüberliegenden Wand. Zwei Schritte davor bleibt er stehen.

»Halt!«

– Bei allen Teufeln, das ist die Stimme der Miss Bein!

»Ich mach euch die Tür auf«, sagt sie, »aber es tut mir leid, ehrlich leid, daß du so weggehst. Nicht einmal einen Abschiedskuß hast du mir gegeben.«

Sie kichert und ich sehe, daß die Wand im Hintergrund ganz langsam in die Höhe geht. Draußen lacht endlich die Freiheit: ein großer, verlassener Hof und auf der anderen Seite Wald, durch den eine asphaltierte Straße führt.

Die Straße nach Hause, Leute.

»Die Geschichte gefällt mir nicht«, sagt der Professor.

»Mir auch nicht«, sage ich.

Plötzlich schwebt ein ganzer Vorhang von Stechmücken von der Decke herab und versperrt uns den Ausgang.

»Wollt ihr wirklich nicht gehen, jetzt, wo die Tür offen ist?« sagt die Stimme von Miss Bein.

Der Soldat will hinausstürzen, bleibt aber nach dem ersten Schritt unbeweglich stehen wie eine Statue.

»Wie unterhaltsam!« sagt diese verdammte Stimme, »gerade im letzten Moment hat er seine Absicht geändert. Genau wie ihr. Ihr rührt euch ja gar nicht mehr.«

Auf unserer Seite sind Mückenschwärme heruntergekommen und schwirren um unsere Köpfe.

»Teufel, Teufel«, sage ich.

»Es würde mir leid tun, dir keinen Abschiedskuss zu geben«, fährt sie fort, »aber du kriegst ihn. Gleich komme ich herunter. Es wird ein Kuß nach meinem Geschmack sein, kalt wie Stein.«

»Wenn wir nur einen Schritt machen, sind wir erledigt«, sagt der Professor.

»Gib mir einen Tritt in den Bauch, Pipa«, sagt 00 Josef, »und leg deine ganze Kraft hinein.«

Ich schaue ihn an.

»Los«, sagt er, »es ist keine Zeit zu verlieren.«

Ich ramme mein linkes Bein fest in den Boden und schieße mit aller Gewalt einen Tritt gegen 00 Josefs Bauch.

Eine gleichzeitige Explosion von Raketen, Feuerrädern, Funken, weißen, gelben, roten, grünen, blauen Feuerwerkskörpern, die sich in kürzesten Abständen entzünden, läßt den ganzen Raum erzittern, während dichter Rauch sich ausbreitet, in dem sich die verschiedenen Farben widerspiegeln.

»Schnell zum Wagen, Professor«, rufe ich.

In einer Sekunde sitze ich hinter dem Steuer. Ich lasse den Motor an, strecke die Arme aus, erwische die Hände des Professors, der im Rauch herumtorkelt, und ziehe ihn herein. 00 Josef ist schon hinten drin. Eine Abschiedsrakete schießt noch aus seinem Dekolleté.

Ich drücke auf einen Knopf, und alle vier Fenster sind hermetisch geschlossen.

Vor den Mücken sind wir nun sicher.

Ich lege den ersten Gang ein und fahre los. Der versteinerte Soldat ist in dem dichten Rauch nicht zu sehen. Ich streife ihn mit dem rechten Kotflügel.

Er fällt um und zerbricht in tausend Trümmer.

Wir sind noch einmal davongekommen. Mit großem Krach schließt sich das Scherengitter.

Neuntes Kapitel

Eine rein zufällige Begegnung – Berichterstattung mit Bohnensuppe – die Lage beginnt sich zu klären.

Die Sonne verschwindet langsam im Wald zu unserer Rechten.

»Noch sind wir nicht draußen, Kinder«, sage ich.

Aus dem Hof kommen kleine, mit Soldaten gespickte Lastwagen und Motorradfahrer, auf den Lenkstangen aufgeschraubte MG. Sie machen sich an unsere Verfolgung. Ich biege mit 120 Sachen auf die asphaltierte Straße ein. Einige Maschinengewehrsalven prallen an unseren kugelsicheren Fenstern ab und kitzeln nicht einmal meinen braven Blimbust. Ich drücke auf eine Taste unter dem Armaturenbrett. Aus ungefähr dreißig Löchern unter dem hinteren Stoßdämpfer besprenge ich die Straße mit einer Flüssigkeit, die sich in Verbindung mit der Luft in eine gummiartige, schäumende Masse mit starker Bremswirkung verwandelt.

Alle Wagen kommen mit Höchstgeschwindigkeit hinter uns her und bleiben nun auf dem pappigen Asphalt kleben, die Räder drehen sich nicht mehr. Die Soldaten auf den LKW's fliegen auf den Boden, die auf den Motorrädern werden mindestens zehn Meter weit durch die Luft geschleudert.

Statt sich ruhig zu verhalten, werkeln sie herum, und je mehr sie sich bewegen, desto ärger beschmieren sie sich gegenseitig. Ich gehe ein wenig mit der Geschwindigkeit herunter, um das Schauspiel dieser prächtigen Militär-Marmeladen-Parade richtig zu genießen.

Der Professor, der beim Anblick der Soldatenmenge bleich geworden war, bekommt wieder etwas Farbe ins Gesicht.

»Die sind versorgt«, sagt er.

»Noch nicht«, sage ich, »diese Zone ist ohne Frage abgesichert. Sie wissen, was ich meine: Der ganze Komplex ist von einer elektrisch geladenen Mauer oder einem Drahtgitter umgeben. Wahrscheinlich sind auch Wachsoldaten verteilt. Die Ausgänge sind gesperrt.«

Der Professor wird schon wieder blaß.

»Wir finden schon eine Möglichkeit herauszukommen«, sage ich.

»Das mache ich mit Spucke«, sagt 00Josef.

»Zu gefährlich«, sage ich, »dabei müßtest du ein Fenster aufmachen, und dabei könnten wir eine MG-Salve einstecken. Besser, wir überprüfen erst die ganze Situation.«

Man hört Sirenengeheul, und der Professor wird noch blasser.

»Haben Sie keine Angst«, sage ich, um ihm wenigstens wieder etwas Farbe ins Gesicht zu zaubern; »das sind nur die Feierabendsirenen von den Fabriken.«

Ich habe noch nicht ausgeredet, als ich, aus der Kurve in die Gerade kommend, im Hintergrund ein Metallgitter sehe und ungefähr fünfzig Soldaten, die von überall dahergerannt kommen. Ich drücke aufs Gas, um zu zeigen, daß ich nicht die Absicht habe, stehenzubleiben. Die Soldaten weichen nach beiden Seiten aus.

»Haltet euch fest, Kinder!« rufe ich.

Dreißig Meter vor dem Gitter haue ich die Bremsen hinein und schlage das Steuer scharf nach links ein.

Es gelingt mir eine Totalwendung.

Die fallen darauf herein: Sie glauben, daß ich zurückfahren will, und springen auf ihre Fahrzeuge mit noch laufenden Motoren und machen sich an die Verfolgung. Ich habe jedoch bereits den Rückwärtsgang eingeschaltet und warte nicht, bis die es bemerken. Ich drücke den Gashebel ganz durch und fahre im Hundertkilometertempo rückwärts.

Als ihnen der Trick klar wird, sind sie schon an die hundert Meter weitergefahren, und ich bin durch das Gitter durch.

Nun lege ich den ersten Gang ein, gehe ruhig in die Kurve und drücke dann auf die Tube.

Jetzt kriegen sie mich nicht mehr, Leute, wir haben die Falle aufgebrochen!

»Beim unheiligen Hugo, denen hast du's besorgt!« schreit 00Josef, »du bist eine Kanone!«

»Der Professor ist vor lauter Angst ohnmächtig geworden«, sage ich, »legen wir ihn hin, daß er weiterschläft, sonst muß er wieder in Ohnmacht fallen, wenn wir die Grenze passieren.«

00Josef nimmt ihn unter den Achseln, zieht ihn vorsichtig in die Höhe und legt ihn auf die rückwärtigen Sitze. Dann steigt er über die Lehne und setzt sich neben mich.

Kaum sitzt er, erfaßt ein heftiger Windstoß den Wagen

und steigert die Geschwindigkeit um mindestens zwanzig Stundenkilometer. Gleichzeitig fühlen wir eine Art Donnerschlag, als ob ein Gewitter ausgebrochen wäre.

Ich werfe einen Blick auf 00Josef und sehe, daß auch er mich anschaut.

»Ich war's nicht«, sagt er.

»Ich auch nicht«, sage ich, »ich habe den Eindruck, daß jemand die Mücken fertiggemacht hat.«

Ohne es zu bemerken, haben wir wieder zwanzig Kilometer geschluckt. Wir kommen auf eine zweibahnige Straße, und so kann ich noch etwas höher gehen, wenn auch ziemlicher Verkehr herrscht.

»Hast du eine Ahnung, wo wir sind?« frage ich 00Josef.

»Nein. Wir können genau so gut auf der anderen Hälfte der Erdkugel sein«, sagt er. »Wir können nichts tun, als geradeaus weiterfahren Irgendwohin werden wir schon kommen.«

Während der Freund seine Perücke abnimmt und sich mit ihr Wind zufächelt, verleihe ich mir trotz dem Affentempo ein paar Schluck Bourbon ein.

»Ehrlich, ich habe mich großartig amüsiert«, sagt er.

»Warte mit deinem Freudengeheul, bis wir über die Grenze sind«, sage ich. »Wir müssen uns schon allerhand einfallen lassen, um sie zu überzeugen, daß sie uns durchlassen. Hast du irgendeine brauchbare Idee?«

»Um einen Plan machen zu können, müssen wir erst einmal an der Grenze sein und das Terrain sondieren.«

In nicht ganz einer halben Stunde machen wir hundert Kilometer, aber dann muß ich mit dem Tempo heruntergehen. Der Verkehr ist ziemlich hektisch geworden. Wir wissen, was das bedeutet: die Nähe einer Stadt.

»Labanca!« schreit 00Josef. »Ich habe das Schild gelesen. Eine Stadt ungefähr vierzig Kilometer von der Grenze. Wenn wir das Stadtzentrum umfahren, geht's schneller.« Ich passe auf die Schilder auf und biege dann rechts ein in den äußeren Ring.

Wir überholen einen Polizeiwagen, aber nichts geschieht. Vielleicht haben sie nicht rechtzeitig Alarm geben können, dieser Stoß, den wir gespürt haben, hat wahrscheinlich die Telefonzentrale blockiert, und so tappt die K. R. E. P. noch im Dunkeln. Und in diesem Dunkel werden sie voraussichtlich noch eine ganze Weile bleiben, wenigstens was uns betrifft.

Ich höre, daß der Professor sich bewegt. Er ist zu sich gekommen und will wissen, wo wir sind.

Ich rate ihm, wieder in seine Ohnmacht zu flüchten, weil der Tanz noch weitergeht. Er schaut meine kahlköpfige Gattin an, die sich mit ihren Haaren Wind zufächelt, und fällt prompt wieder in Ohnmacht.

Außerhalb der Stadt wird der Verkehr ruhiger. Es ist nun fast dunkel, und ich fahre langsamer, weil ich es für besser halte, die Nacht abzuwarten.

Ich sehe, daß 00Josef seine Antenne herauszieht und den Finger ins Ohr steckt.

»Hier 00Josef«, meldet er sich, »Dr. Zia, alles bestens, Auftrag ausgeführt.«

Er lauscht.

»Er ist hier mit uns«, sagt er, »wir müssen über die Grenze.« Er horcht wieder eine ganze Weile und blinzelt mir zu. »Gut, Chef. Ende.«

Er schiebt die Antenne wieder zurück.

»Er sagt, er ist sicher, daß wir's schaffen«, berichtet er und setzt seine Perücke wieder auf, »nach Ansicht von Windstärke 9 bilden unsere beiden Intelligenzen zusammen ein ausgezeichnetes Team.«

Ich schiele ihn an.

»Ich habe gar nicht gewußt, daß du einen Auftrag auszuführen hattest«, sage ich.

»Sozusagen«, meint er, »wir waren auf einmal mitten drin, und da war nichts anderes mehr zu machen.«

Ich will ihm gerade sagen, daß ich nicht sehr überzeugt bin von seiner Argumentation, sondern den Eindruck habe, an der Nase herumgeführt worden zu sein, als ich scharf bremsen muß, weil sich auf der Straße ein Hindernis zeigt.

Ich schalte die Scheinwerfer ein und sehe einen Abschleppwagen, der sich gerade an ein am Straßenrand stehendes Auto hinmanövriert.

»Verdammt!« schreit er, »das ist ja genau dein Wagen!«

Es ist tatsächlich ein Blimbust wie meiner, auch von gleicher Farbe, das Nummernschild hat die gleichen Buchstaben PI-CHI, nur die Ziffern sind verschieden.

»Wir haben unverschämtes Massel«, sagt 00Josef.

»Auch zu viel«, sage ich.

Ich halte hinter dem Blimbust, steige aus und schaue nach,

was das alles soll. Der Wagen sieht wirklich wie meiner aus, nur ist er ziemlich lädiert. Die Haube ist eingedrückt und ein Kotflügel vollständig verbogen.

Zwei Typen in Overalls sind vorhanden, einer sitzt am Steuer des Abschleppwagens, der andere zieht das Drahtseil unter dem Blimbust durch.

»Was passiert?« frage ich.

Der am Steuer kommt herunter.

»Sie haben einen Baum übersehen und sind dran hängen geblieben«, sagt er, »wir schaffen ihn über die Grenze.«

»Und der Besitzer?« frage ich.

»Die sind schon drüben«, sagt er, »ein Ehepaar, sie sind ein paar Kilometer zu Fuß getippelt. Sie haben die Wagenpapiere dem Zollbeamten übergeben, der sie mir dann aushändigt, wenn ich durchfahre. Wär's nicht besser gewesen, sie hätten den Unfall nach der Grenze gebaut?«

»Vielleicht nicht«, sage ich.

Ich schaue mich um.

00Josef hat bereits das Nummernschild des Blimbust abgeschraubt und befestigt es jetzt über dem an meinem Wagen.

Ich klopfe dem jungen Mann, der das Seil befestigt, auf die Schulter.

»Irrtum, mein Lieber«, sage ich, »der kaputte Wagen ist nicht dieser, sondern jener.«

Der schaut mich an, wie wenn meiner Nase ein Fisch entschlüpft wäre.

»Was soll das heißen?« fragt der am Steuer.

»Daß du den Schlepper weiter vorfahren sollst, daß ich mich mit meinem Wagen dahinter stellen kann. Warum? Paßt dir etwas nicht?«

»Schon gar nicht«, sagt er, »ich weiß selber, was ich zu tun habe, und brauche mir vom Nächstbesten keine Vorschriften machen zu lassen.«

Ich nehme ihn am Arm, das heißt, ich will es tun, aber er schlüpft unter mir weg wie ein Aal, der ins Kaspische Meer zurückschwimmen möchte, und springt auf den Führerstand. Er haut die Türe zu und läßt den Motor an.

»Hängt er?« schreit er dann.

»Ja!« schreit der andere Jüngling zurück.

Gerade will ich in höchster Lautstärke ein »Verdammt nochmal!« von mir geben, lasse es aber sein, denn ich sehe, daß das Vorderteil des Wagens sich über alles Normalmaß hinaus hochhebt und der Kran sich aufrichtet. Als auch die Hinterräder in der Luft hängen, macht der Kran eine Vierteldrehung und läßt den Wagen über einem Kanal baumeln. Er ist ziemlich breit und bis obenhin voll Wasser. Der Kran deponiert den Blimbust vorsichtig auf dem Wasser und läßt ihn dann so weit hinunter, daß er in den Fluten verschwindet. Dann läßt er das Seil locker. Während der Arm wieder in seine Ausgangsstellung zurückschwenkt, fährt der Kran rückwärts und bleibt zwei Meter vor meinem Wagen stehen. Der junge Mann steht da und hebt sich wie auf einem Gemälde vom Hintergrund der Landschaft ab.

»Na und?« schreit der andere, steigt ab und wirft ihm ein anderes Seil zu, »willst du diesen verdammten Wagen endlich anhängen oder nicht? Sollen wir hier vielleicht übernachten?« Dann schaut er mich an.

»Habe ich recht oder nicht?« sagt er, »ist's so nicht viel einfacher?«

»Hör zu«, sage ich, »was soll die ganze Geschichte? Wer schickt dich? Was haben sie dir zu tun angeschafft?«

»Schwamm drüber«, sagt er, »ich habe sofort gemerkt, was ihr im Sinn habt, und bin absolut dagegen, mir von dir meine Visage massieren zu lassen. Ist das klar?«

»Nicht ganz«, sage ich, »jedenfalls, solange wir hier drüben sind, geht's in Ordnung, hernach wird man sehen.«

00Josef ist fertig mit dem Auswechseln der Nummernschilder, setzt sich dann neben den Professor und schnallt die Sicherheitsgurte um.

»Jetzt können wir verschwinden«, sagt er und blinzelt mir zu. Ich setze mich ans Steuer, suche unter der Windschutzscheibe nach dem richtigen Hebel und verschiebe ihn.

Die Rücksitze drehen sich in Seitenangeln um ihre Achse. Andere, ebensolche Rücksitze kommen herauf, nur sind sie leer. 00Josef und der Professor liegen nun ganz bequem im Gepäckraum.

Der Kran hebt das Vorderteil des Wagens um einen guten halben Meter.

Ich steige in den Führerstand, bringe den Beifahrer unter meinen Füßen unter und sage ihm, er soll sich so klein wie möglich machen. Dann setze ich seine Kappe auf.

Nach etwas mehr als einem Kilometer sind wir an der Grenze. Eine lange Wagenschlange wartet auf Durchlaß. Wir überholen sie alle auf der rechten Seite. Ein Zollbeamter wirft einen Blick auf unser Nummernschild, übergibt dem Typ am Steuer die Wagenpapiere und läßt den Schlagbaum öffnen.

Wir sind durch.

»Wir haben's geschafft«, sagt der Typ am Steuer, »es war alles so einfach, daß ich's gar nicht glauben kann.« Ich merke, daß er, statt zu halten, schneller wird.

Die Besitzer des anderen Wagens sind nicht zu sehen, darum packe ich den Typ neben mir am Kragen seines Overalls. »Das war also alles organisiert«, sage ich, »versuche ja nicht, nein zu sagen.«

»Versuche ich auch gar nicht«, sagt der und schielt mich an, »aber wenn's dir nicht paßt, brauchst du es nur zu sagen, und ich schaffe dich auf die andere Seite zurück.«

»Du bist ein Agent der C. I. C. C. I. A.«, sage ich, »sie haben dir befohlen, uns über die Grenze zu bringen. Los, hältst du mich für einen Idioten?«

»Ist ja schon gut«, sagt er und löst meine Hand von seinem Kragen, »du bist ein Genie, ich glaub's ja, aber ich bin nur ein Angestellter vom Straßenhilfsdienst und sonst nichts. Frag mich nichts mehr, ich könnte dir doch keine Antwort geben.«

Der andere Knabe kriecht von unten herauf und setzt sich zwischen uns. Ich gebe ihm seine Kappe zurück.

So ist das also: Alle haben sich verbündet, mich als Idioten hinzustellen. Sie schmeißen mich mitten in einen Haufen Verrückter, und ich ziehe den Professor aus der Feuerlinie, ohne zu wissen, um was es geht. Und keiner von denen um mich herum weiß etwas. Sie fallen alle aus den Wolken, verdammt nochmal, aber einer von ihnen wird reden, und wenn ich ihm jedes Wort einzeln aus den Ohren ziehen müßte!

Wir kommen von unserer Nebenstraße auf eine Autobahnkreuzung.

»Ich lasse dich hier herunter«, sagt der am Steuer, »du kannst auf deinen eigenen Rädern weiterfahren, wenn du willst. Das, was du hier siehst, ist die Autobahn nach Pipachico.«

Er hält und läßt das Kabel des Krans so weit herunter, daß die Räder meines Blimbust den Boden berühren. Ich steige ab und setze mich ans Steuer. Der Junge löst das Drahtseil, ich lasse den Motor an und zische los. »Salve 00Josef!«

schreit der Typ auf dem Abschleppwagen, als wir an ihm vorbeifahren.

Ich habe große Lust, seine Personalbeschreibung abzuändern; aber ich tue alles, um meine roten Blutkörperchen im Zaum zu halten, die bereits in geballtem Vormarsch auf meinen Kopf sind.

Ich fege über die Autobahn und reagiere mich dabei ab. Dann mache ich das Mikrofon sprechbereit.

»Wie geht's uns da drin?« frage ich.

»Wir liegen ganz bequem«, sagt 00 Josef, »der Professor ist wieder bei sich, hat aber die ganze Zeit den heiligen Ulrich angerufen. Da er schon eine ganze Weile nichts gegessen hat, besteht die Gefahr, daß er sogar seine Unterhosenknöpfe von sich gibt.«

»Soll er doch«, sage ich, »sind ja seine Knöpfe.«

»Laß uns endlich da heraus, verdammt und zugenäht«, sagt er, »wir sind doch durch, oder? Auf was wartest du noch?«

»Erst möchte ich Antwort haben auf ein paar Fragen«, sage ich, »und wenn du nicht die richtigen Antworten ausspuckst, laß ich euch da drinnen, bis ich dieses Vehikel auf dem Autofriedhof abstelle. Ist das klar?«

»Klar. Spuck sie also aus, deine Fragen.«

»Hast du gewußt, daß der Kran uns erwartet, um uns herüber zu bringen? Alles war organisiert, stimmt's?«

Er lacht. »Du wirst dich wegen diesem kleinen Scherz hoffentlich nicht auf den Schlips getreten fühlen?« sagt er. »Als Windstärke 9 mich über diesen Trick informiert hat, habe ich dich nicht aufgeklärt, weil du von dir aus draufkommen mußtest, daß der Zwillingsblimbust kein Zufall sein konnte. Du bist doch nicht plötzlich, so aus heiterem Himmel, blöd geworden?«

»Ist schon gut«, sage ich, »ich habe begriffen. Dann wußte Windstärke 9 einfach alles: das vom Tunnel und daß wir zur K. R. E. P. gebracht werden. Alles war Schwindel, du hast das gewußt und hast mitgespielt. Und ich war dein saudummer Spielgefährte.«

»Hier irrst du, Pipa«, sagt 00 Josef. »Von der ganzen Geschichte weiß ich weniger als du. Aber wenn ich jetzt darüber nachdenke, bin auch ich überzeugt, daß das Ganze ein von Windstärke 9 inszenierter Schwindel war. Beim unheiligen Hugo, der hat uns so ganz ohne Vorwarnung in diese Affäre hineingeschmissen.«

»Haltet euch fest, ich drehe euch herauf«, sage ich.

Ich höre einigen Lärm im Gepäckraum, dann 00Josefs Stimme: »Fertig!«

Ich lege den Hebel am Armaturenbrett herum, und der Rücksitz dreht sich um sich selbst.

Jetzt sitzen der Professor und 00Josef wieder hinter mir.

»Würden Sie so gut sein und mich über die ganze Geschichte informieren?« sagt der Professor.

Ich schaue in den Rückspiegel und konstatiere, daß seine Gesichtsfarbe beinahe wieder normal ist.

»Wieder einer, der von nichts was weiß«, sage ich.

»Ich danke Ihnen, daß Sie mich aus dieser Hölle befreit haben«, fährt der Professor fort, »auch wenn Sie Agenten der G. A. M. sind und ich Ihr Gefangener bin. Aber niemandem wird es gelingen, mich zu veranlassen, etwas zu tun, was ich nicht tun will.«

»Nicht nur, daß wir keine Agenten der G. A. M. sind, wir wissen nicht einmal, wer oder was diese G. A. M. ist«, sagt 00Josef. »Von uns aus sind Sie frei und können gehen, wohin Sie wollen.«

Der Professor schaut erst mich an, dann 00Josef. Er kratzt sich am Kopf und versteht überhaupt nichts mehr.

»Trotzdem habe ich das Gefühl, daß Sie die Schlüsselfigur sind zu den ganzen Geschehnissen«, sage ich. »Warum versuchen Sie nicht, uns Ihre Geschichte von Anfang an zu berichten?«

»Meine Geschichte ist sehr einfach«, beginnt er. »Aber ehe ich sie Ihnen erzähle, möchte ich erst aussteigen und wieder festen Boden unter den Füßen haben. In diesem verdammten Wagen mit allen seinen Überraschungen fühle ich mich gar nicht wohl.«

Ich kenne ein Restaurant bei der Ausfahrt zur Autobahn von Pipachico.

Ich stelle den Wagen am Parkplatz ab, während 00Josef sein gelbes Tailleur glattstreicht und seine Perücke kämmt. Das Restaurant ist ziemlich besetzt, aber ich weiß, daß es außer dem Speisesaal noch kleine Einzelzimmer gibt. Ich lasse mir vom Besitzer eines aufsperren und bestelle Bohnensuppe für alle.

»Während wir auf die Suppe warten, gehe ich auf die Toilette«, sagt 00Josef.

»Nach dieser Seite, Signora«, sagt der Besitzer. Dann macht

er eine kleine Verbeugung und verschwindet mit gesenktem Kopf im Hintergrund des Saales.

»Ciao, Schatz«, sagt 00Josef, »ich gehe mich scheiden lassen.« Er durchschneidet mit seiner respektablen Vorderfront die Luft, und wir setzen uns zu Tisch.

Die Bohnensuppe ist noch nicht serviert, als 00Josef wieder erscheint, ohne Busen und Perücke. Er trägt einen eleganten grauen Anzug mit Hemd und Krawatte und hat eine dieser kleinen blauen Taschen von den Luftfahrtgesellschaften umgehängt. Ich konstatiere, daß der Professor diesen Schlag weltmännisch einsteckt.

»Einen kleinen Verdacht hatte ich schon«, sagt er, »ich habe ja gesehen, wie Sie sich mit der Perücke Luft zugefächelt haben. Junger Mann, Sie sind eine Wucht!«

»Dankeschön«, sagt 00Josef, »als ich noch im Philharmonischen Verein mitmachte, habe ich immer die Sopranpartien gesungen.«

»Ich dachte, Sie sind nur zu dritt«, sagt der Besitzer und stellt die Suppenterrine auf den Tisch, »ich bringe sofort noch ein Gedeck.«

»Wir sind nur drei«, sage ich, »wir brauchen kein viertes Gedeck.«

»Und die Dame?« fragt der Restaurantbesitzer.

»Meine Frau ist fort«, sage ich, »wir haben uns gestritten, und sie hat mir ihren Bruder geschickt.«

Die Augen, mit denen der Besitzer 00Josef anschaut, werden groß und rund wie Zwiebeln, er macht ein paar Mundbewegungen, ohne etwas herauszubringen. Endlich entschließt er sich, wortlos zu verschwinden.

»Er hat's nicht geschluckt«, sagt 00Josef.

»Er ist nicht wichtiger als seine Bohnensuppe da«, sage ich, »die ihrerseits bei weitem nicht so interessant ist wie die Geschichte, die uns der Professor jetzt erzählen wird. Fangen Sie an.«

Der Professor schluckt den ersten Löffel Suppe, dann beginnt er.

»Also«, sagt er, »ich werde bei meiner Kindheit anfangen. Haben Sie keine Angst, nur eine kleine Reminiszenz, damit Sie meinen Charakter besser verstehen lernen. Sie müssen wissen, daß ich von klein auf die Insekten liebte. Ich verbrachte Stunden um Stunden, einem Käfer zuzuschauen, wie er Blätter verspeist, oder einer Spinne, die ihr Netz webt, einer Ameise auf der Suche nach Nahrung. Mit der Zeit verstärkte sich diese Zuneigung zu jener Liebe, die wir zu allen Geschöpfen dieser Erde haben müßten. Einen Wurm zertreten ist das gleiche Verbrechen wie einen Menschen töten, ein Wespennest zerstören ein Akt unerhörter Grausamkeit wie das In-die-Luft-sprengen eines von zehn Familien bewohnten Hauses. Der Mensch ist Egoist und denkt nur an sein Wohlbefinden. Dazu opfert er das Leben unzähliger unschuldiger Kreaturen. Sind Sie nicht auch meiner Meinung?«

Seine Augen glänzen, und die Liebe zu den Insekten dringt ihm aus allen Poren.

»Das ist im Moment nicht wichtig«, sage ich, »fahren Sie fort.« Er schluckt einen Löffel Bohnensuppe, legt dann den Löffel hin. »Mein ganzes Leben habe ich den Insekten geweiht«, fährt er fort. »Jedes Insekt kenne ich besser als mich selbst, und ich bin imstande zu beweisen, daß auch die gefährlichsten und schädlichsten unter ihnen irgendeinen Zweck erfüllen im Leben.«

»Lassen Sie's gut sein, Professor«, unterbricht 00Josef die Begeisterung des Professors, »wir sind nicht hier, um einen Vortrag über Insekten zu hören. Wir wissen, daß Sie die größte Koryphäe der Welt auf Ihrem Gebiet sind. Informieren Sie uns nun über den Rest.«

»Der Rest ist schnell gesagt«, fährt der Professor fort. »Ich verbessere die Insekten. Wenn ich kann, züchte ich sie so, daß sie der Menschheit nützlich sind, aber es würde zu weit führen, Ihnen das Wie zu erklären. Um Ihnen einen Begriff zu geben: Ich habe Spinnen gezüchtet, die ein Paar Damenstrümpfe weben können, meine Wespen produzieren eine qualitativ erstklassige Brillantine und eine Antikariessubstanz für Zahnpasta. Ich habe eine Ameisenart geschaffen, die imstande ist, einen ganzen Besitz besser zu bewachen als ein Trupp Spezialagenten. Aber mein großes Geheimnis ist, daß meine Insekten die ihnen angezüchteten Eigenschaften auf ihre Nachkommen vererben.«

Er fängt wieder an zu essen, und als er die letzte Bohne verschluckt hat, fährt er fort.

»Und nun«, sagt er und ballt die Fäuste, »beschließt unsere Regierung einen totalen Vernichtungskrieg. Einen Krieg gegen die Fliegen. Unter vollster Geheimhaltung gründet man die G. A. M. Man mobilisiert alle Erfinder von Insektenvernichtungsmitteln, und ich, in meiner Qualität als Insektenexperte, werde zum aktiven Militärdienst einberufen mit dem Auftrag, neue Mittel und Wege zur Vernichtung der Fliegen zu suchen. Ich weigere mich.«

00 Josef läßt einen Pfiff los.

»Sie wären also eine Art Wehrdienstverweigerer aus Gewissensgründen.«

»Genau«, sagt der Professor. »Während eines Kongresses zur Erforschung der Schilddrüsenüberfunktion bei gewissen Rundkopfinsekten lernte ich Professor Burlott kennen, den berühmtesten Fachmann auf diesem Gebiet, der mir Asyl in seinem Land anbot. Ich nahm mit Freuden an und emigrierte im Geheimen in die U. R. C. C. Ich wurde im Studienzentrum der O. R. C. A. mit Begeisterung aufgenommen und hoffte, meine Studien zur Verteidigung der Insekten weiterführen zu können.

Leider war ich vom Regen in die Traufe gekommen. Sie selbst haben ja die tödliche Macht der Stechmücken kennengelernt. Nun, Professor Burlott hat noch etwas viel Grauenvolleres erfunden. Im Teamwork mit dem Nuklearprofessor Seghè ist ihm die Züchtung einer Atomfliege gelungen: eine Fliege, die ihrer Struktur nach nichts anderes ist als eine Mikrobombe, imstande, einen ganzen Wolkenkratzer zu zerstören. Vierundfünfzig Exemplare waren einsatzbereit: Ich sollte ihre Vermehrung ermöglichen. Diese vierundfünfzig Exemplare sollten Millionen um Millionen Atomfliegen hervorbringen, die sich über unser Land verteilen würden. Der Krieg gegen die Fliegen wäre ausgebrochen, das Resultat können Sie sich vorstellen.«

Wir lassen derart schrille Pfiffe los, daß der Restaurantbesitzer angerannt kommt. Ich bestelle drei Beefsteaks über Holzkohlenfeuer, und er verschwindet wieder.

»Der Professor Burlott ist mit seinem ganzen Stab in die Luft geflogen«, sage ich, »wenn Sie nicht ohnmächtig gewesen wären, hätten Sie den Krach gehört.«

»Das kann ich mir schon vorstellen«, sagt er, »das leiseste Antupfen eines Fliegenvorderleibes löst den Kontakt aus und führt zu einer Explosion. Professor Burlott war ein Genie, aber ein Genie des Bösen. Er hat das Ende gefunden, das er verdient hat.«

Die Beefsteaks werden aufgetragen, und wir nehmen sie in Angriff.

»Sie haben mit allen Mitteln versucht, mich ihrem Willen gefügig zu machen«, sagt der Professor, »sogar durch Folterung. Aber auch wenn ich nachgegeben hätte, erreicht hätte ich nichts ohne die zweiunddreißig Exemplare, die meine Tochter in meinem Labor ängstlich hütet. Sie sind das Resultat vieler Studienjahre!«

Ehe ich es ihm sage, lasse ich ihn noch einen Bissen essen.

»Diese Fliegen wurden gestohlen«, sage ich.

Er erstarrt und wird blaß bis hinunter zu den Jackenrevers.

»Beruhigen Sie sich«, sage ich, »sie sind nicht explodiert. Als der Beauftragte der O. R. C. A. sie holen wollte, waren sie schon gestohlen. Sie wurden nicht über die Grenze gebracht.«

»Es waren also die von der G. A. M.«, sagt der Professor zähneknirschend.

»Kann sein«, sage ich.

»Wieso wissen Sie davon?«

»Ihre Tochter hat mich angerufen, um den oder die Diebe zu finden«, sage ich, »darum war ich bei Ihnen, leider zu spät. Ihre Tochter war nicht mehr da.«

»Wieso, nicht mehr da?«

»Gekidnappt«, sage ich.

Er springt auf und wirft Besteck und Serviette auf den Tisch.

»Ah, so ist das?« schreit er.

Wir packen ihn an den Armen und setzen ihn wieder hin. Er fängt an zu zittern wie ein Karamellpudding.

»Ich muß mich also Ihrem Willen fügen«, murmelt er vor sich hin.

Ich gieße ihm etwas Bourbon in die Kehle, und als ich das Glas auf den Tisch zurückstelle, bemerke ich den Restaurantbesitzer zusammen mit zwei Typen, die ich kenne. Es sind zwei Beamte des Untersuchungsausschusses.

»Salve«, sage ich, »wie kommt denn ihr da her?«

»Es wurde uns die Anwesenheit einer dubiosen Person gemeldet«, sagt der Dickere von ihnen, »sind das Freunde von dir?«

»Seit meiner Kinderzeit«, sage ich.

»Ausweispapiere«, sagt der Dickere zum Professor.

Dem Professor zittern zwar die Hände, aber er schafft es doch noch, ein paar Legitimationen aus der Tasche zu ziehen, die er dem Dicken übergibt, während der andere die Papiere von 00 Josef kontrolliert.

Der Dicke schaut den Professor an und läßt einen Pfiff los.

»Sehr gut«, sagt er, »es scheint, wir sind an der richtigen Stelle. Ich erkläre Sie für verhaftet, Professor Vengiò. Diesmal haben wir die Militärpolizei hereingelegt.«

»Tschuldigen schon«, sagt der Restaurantbesitzer und zeigt mit ausgestrecktem Finger auf 00 Josef, »der da ist als Frau verkleidet hereingekommen, nicht jener. Das muß ein Irrtum sein.«

Der andere Beamte gibt 00 Josef seine Papiere zurück.

»Stimmt«, sagt der Dicke, »du hast einen Fehler hineingebracht. Paß das nächste Mal besser auf, wir brauchen den anderen. Gehen wir, Professor?«

»Wir kommen mit«, sage ich, »habt ihr was dagegen?«

»Von mir aus«, sagt der Dicke, »wir haben nur keinen Platz für euch in unserem Wagen.«

»Wir fahren in meinem Wagen«, sage ich.

Zu fünft marschieren wir also hinaus, aber ehe ich ganz draußen bin, deponiere ich mein Beefsteak auf dem Kopf des Besitzers.

Zehntes Kapitel

Der Krieg ist aus – man fängt ein paar Fliegen – und alles klärt sich auf – auch die Honorarfrage wird gelöst.

Wir folgen dem Polizeiauto.

»Mir scheint, es hat sich alles aufgeklärt«, sagt 00 Josef, »wenn es diesen Psychopathen gelungen wäre, ihr Ziel zu erreichen, hätte dieser Krieg der Fliegen ein eher tragisches Ende für uns genommen.«

»Wahrscheinlich haben die von der G. A. M. die Fliegen gestohlen mit der Absicht, den Professor dadurch zur Rückkehr in sein Land zu bewegen. Dann haben sie auch noch die Tochter verschwinden lassen, weil sie Angst hatten, die U. R. C. C. könnte auf den gleichen Gedanken kommen; das wäre furchtbar gewesen für den Professor. Ich verstehe nur nicht, wie sie mit all den roten Ameisen rundherum bis ins Labor vordringen konnten. Man braucht nur einen Fuß auf den Rasen zu setzen, und sie fallen einen an.«

»Man muß nur wissen, daß sie da sind«, sagt 00 Josef, »ein System findet sich dann schon. Ich würde zum Beispiel ein Fahrrad benützen. Mit vier Pedaltritten ist man an der Labortüre, ohne den Ameisen Zeit zu lassen, an den Rädern hinaufzukrabbeln.« Ich muß lachen.

»Die Idee ist wirklich prima«, sage ich, »man muß dem Professor klarmachen, daß die Erfindung seiner Wachameisen kein so großartiger Erfolg ist.«

Wir sind nun in der Stadt, und da ziemlicher Verkehr herrscht, hat das Polizeiauto vor uns die Sirene angestellt.

Ich hänge mich an, und nach einer Weile merke ich, daß wir gar nicht in Richtung Zentrale fahren.

»Wahrscheinlich bringen sie uns ins Hauptquartier der G. A. M.«, sage ich.

»Ganz sicher sogar«, meint 00 Josef. »Jedenfalls werden wir für den Professor nicht mehr viel tun können. Wir haben keine diesbezüglichen Befehle.«

»Zum Teufel mit deinen Befehlen«, sage ich, »ich habe noch ein Problem zu lösen.«

»Welches?«

»Der Tote in der Auslage. Er ist in diese Sache verwickelt, ich weiß nur nicht wie. Und das will ich wissen. Ich lasse nicht gern ein Loch offen und riskiere, daß der Leutnant Tram seine lange Nase hineinsteckt. Wenn er erfährt, daß unsere Ehe ein Schwindel war, hat er mich schon bei den Ohren und läßt mich nicht mehr aus.«

Wir biegen in eine Straße im Zentrum ein. Ich sehe mindestens zehn Wagen in einer Linie neben dem Trottoir aufgereiht. Autos von der Polizei, von der Armee, von einer Spezialabteilung der Luftwaffe.

Der Wagen mit dem Professor kurvt nach rechts und fährt durch ein Tor.

Ich mache das gleiche Manöver und halte in einem Hof voller Menschen.

Ich sehe, daß der Professor und seine zwei Bewacher von einer Abteilung Soldaten umringt werden. Kaum setze ich den Fuß auf den Boden, nähert sich ein Offizier in Galauniform und schlägt vor mir die Hacken zusammen.

»Sie werden im Hauptquartier erwartet, Signori«, sagt er, »wollen Sie mir folgen?«

Wir folgen ihm. Er bahnt uns einen Weg, und am Ende eines langen Korridors öffnet sich eine Türe.

»Wollen sich die Herren einen Augenblick im Büro des Oberkommandierenden gedulden«, sagt er.

Wir gehen hinein, und er verschwindet.

Das Büro ist riesig, mit einem Schreibtisch, Fauteuils und einigen Kleinmöbeln ausgestattet.

Ich mache eines davon auf und finde eine Flasche Bourbon. Ich schenke mir meine vom Arzt verordnete Dosis ein und nehme die Flasche auf meinen Besichtigungsgang mit.

Gegenüber ist eine Türe, durch die man heftiges Stimmengemurmel hört.

»Großes sit-in«, sagt 00Josef.

»Da müßten wir eigentlich auch dabei sein und unseren Senf dazugeben«, meine ich.

Plötzlich stelle ich mein Glas auf den Schreibtisch und drehe mich um. Kein Zweifel, er ist es: Windstärke 9. Wie ein schwerer Orkan ist er ins Zimmer gefegt.

»Salve, Chef«, sagt 00Josef.

»Ein Glück, daß ihr da seid«, sagt Windstärke 9 und bleibt

in der Mitte des Zimmers stehen. Er streckt eine Hand mit der Innenfläche nach oben mir entgegen.

»O ja«, sage ich, »es wird langsam Zeit, daß wir uns an die Abrechnung machen.«

»Geben Sie mir die Gedächtnisstütze«, sagt er, »es eilt. Alles übrige besprechen wir morgen.«

Ich schicke mindestens fünfzig saftige Injurien, die ich schon im Mund hatte, wieder in mein Inneres zurück, nehme das Taschentuch, schneuze mich und hole mit der Pinzette das kleine, schwarze Ding aus der Nase.

Ich übergebe es ihm.

Er nimmt es und geht in das andere Zimmer zurück.

»Vorführung«, sagt 00 Josef, »aber ich habe keine Lust, mir den ganzen Zimt noch einmal anzusehen. Ich bleibe hier und warte.«

Wir wissen nicht, wie wir die Zeit totschlagen sollen.

00 Josef verbringt eine halbe Stunde am Telefon mit »Cocolina mia, bald-komme-ich und wie-gehts-den-Kindern.«

Als er fertig ist, rufe ich die »Fledermaus« an und erkundige mich nach dem Gesundheitszustand meines Partners. Diese Nacht ist es ihm sehr schlecht gegangen, aber jetzt ist das Fieber herunter, und es geht aufwärts. Eine Stunde vergeht, und ich fange vor lauter Müdigkeit an zu gähnen. Endlich öffnet sich die Tür, und Windstärke 9 durchschneidet das Büro mit ungefähr zwanzig Knoten in der Stunde. »Alles in Ordnung, Kinder«, sagt er, »der Krieg findet nicht statt. Der Oberstkommandierende, General Gias, möchte euch zu dem brillanten Ergebnis eurer Mission seine höchste Anerkennung aussprechen.«

Ein dicklicher Mensch mit sehr viel Lametta drückt mir die Hand, scheint aber nicht begeistert über die Lösung. »Man demobilisiert«, sagt er, »alle werden entlassen und können nach Hause gehen.«

Aus der Türe brechen Offiziere, Staatsbeamte, Bürger ohne Uniform über uns herein. Von letzteren höre ich, daß sie samt und sonders Insektenvertilgungsmittelfabrikanten sind. Ein Regierungsbeamter wird von einem dieser Bürger angegriffen, an den Jackenrevers gepackt und heftig gebeutelt.

»Ich will nur hoffen«, schreit der Bürger ohne Uniform, »daß Sie nach diesem Beschluß nicht wagen, den Verkauf meines Produktes zu verbieten!«

»Basta!« brüllt der Oberstkommandierende, »hinaus mit euch, alle hinaus!«

Ich sehe den Professor sich durch die Menge drängen und mit den Armen fuchteln.

»Ich will meine Fliegen!« schreit er.

»Gehen Sie doch zum Teufel mitsamt Ihren verdammten Fliegen!« schreit der Oberstkommandierende.

Er öffnet die Tür eines Wandtresors, entnimmt ihm einen Glasbehälter und schmeißt ihn auf den Tisch.

Der Behälter rutscht auf der hochglanzpolierten Fläche weiter, fällt auf den Marmorfußboden und zerschellt in tausend Trümmer.

Die Fliegen beginnen in der Luft herumzuschwirren.

»Meine Fliegen! Macht, daß ihr alle hinauskommt! Schließt alle Türen!« brüllt der Professor und fängt eine Fliege im Flug.

»So helft mir doch!« sagt er und beutelt 00 Josef, der ihm zuschaut.

»Nehmen Sie ein Glas. Ich halte sie in der Faust.«

Windstärke 9 schiebt mich zu einem Fenster, weg von dem Chaos. »Sie sind sich sicherlich über die Gefahr, in der Sie schwebten, klar geworden, aber es war nicht leicht, Sie zu überzeugen«, sagt er. »Wenn sich gewisse Leute in den Kopf setzen, einen Krieg anzetteln zu wollen, ist es sehr schwer, sie von ihrem Entschluß abzubringen. Nur als der Professor versprach, die Vermehrung der Stubenfliege zu reduzieren, haben sie nachgegeben.« Er übergibt mir meine Pastille.

»Nehmen Sie«, sagt er, »sie war mir sehr von Nutzen. Ich habe den ganzen Film für das Archiv kopieren lassen.«

Ich schiebe das kleine, schwarze Ding wieder in mein Naseninneres. Dabei schaue ich aus dem Fenster.

»Teufel, Teufel«, sage ich.

Ich werfe einen Blick auf Windstärke 9 und sehe, daß auch er mich anschaut.

»Ich hoffe, Sie haben verstanden«, sagt er.

Ich schaue wieder hinunter.

Eine Straßenlampe wirft ihr Licht auf ein Geschäftsschild. Kein Zweifel: es ist der Antiquitätenladen, in dem der Tote in der Auslage ausgestellt war.

»Diese Idioten von der G. A. M. wollten alles nach ihrem Kopf machen und haben dadurch alles ruiniert«, sagt Windstärke 9. »Als sie erfahren haben, daß der Professor Vengiò in die Kapitalistisch-Republikanische Einheitspartei geflüchtet war, haben sie einen ihrer Agenten zu Spionagezwecken hierher geschickt. Bei seiner Rückkehr wußte der Agent mit Sicherheit, daß sie etwas Gewaltiges planten, und hat sich an unsere Organisation gewandt, aber leider konnten wir nicht rechtzeitig eingreifen. Die von der O. R. C. A. haben den Agenten in einem Versteigerungslokal erdolcht und ihn, gut in Sicht, in dieser Auslage ausgestellt. Es sollte eine Warnung sein.«

Ich schaue ihm fest in die Augen.

»Und Sie«, sage ich, »haben mir den bewußten ›Idioten‹ per Radio übertragen, jetzt sagen Sie nur nicht, daß dieser Idiot zur Stärkung meines Selbstbewußtseins dienen sollte!«

»Sie haben die ganze Sache kompliziert, weil Sie die Mordkommission benachrichtigten, ehe wir die Leiche aus der Auslage entfernen konnten. Und wehe, wenn sich die Polizei offiziell eingemischt hätte. Das Risiko wäre dann gewesen, daß sie uns alle hätten hochgehen lassen. Sie sollten ruhig weitergehen, dann wären Sie aus allem draußen geblieben. Ich hatte ganz andere Pläne, um diese Sache zum Abschluß zu bringen.«

»Und der falsche Tote?« frage ich.

»Ich war gezwungen, ihn anfertigen zu lassen, um den Leutnant Tram abzuhängen«, sagt er. »Von diesem Moment an mußte ich improvisieren und alle ausgearbeiteten Pläne fallen lassen.«

»Und mir haben Sie ihn dann unter das Bett legen lassen, damit ich vor dem Leutnant Tram als Dorftrottel dastehe.«

»Es war eine gute Idee«, sagt er, »der Erfolg hat uns recht gegeben.«

»Auch die Tunnelgeschichte haben Sie inszeniert«, sage ich.

»Allerdings«, sagt er. »Unser Spionagesystem funktioniert einwandfrei. Wir haben denen zu schlucken gegeben, daß dieser Tunnel als Kontaktstelle für unsere Agenten dient, dabei wenden wir schon seit geraumer Zeit ein anderes System an. Der Trick hat funktioniert.«

Ich fühle, wie mein Blutdruck steigt, aber ich habe noch eine Frage in petto.

»Und die Tochter des Professors«, frage ich, »wer hat sie verschwinden lassen?«

»*Wir* haben sie aus dem Verkehr gezogen«, sagt er, »ehe sie die O. R. C. A.-Leute gekidnappt hätten. Wenn sie schon nicht an die Fliegen konnten, hätten sie sicher das Mädchen als Geisel mitgenommen.«

»Sie hätten mich wenigstens verständigen können«, sage ich, »in dieser Geschichte war ich von Anfang bis Ende der Dumme.«

»Es wird besser sein, wenn Sie die Fliege nicht in Ihre Nase kriechen lassen«, sagt Windstärke 9. Er fängt eine der Fliegen im Flug, gerade als sie sich auf meine Nasenspitze setzen will. »– besonders wenn es sich um eine der kostbaren Kreaturen des Professors Vengiò handelt.«

Er setzt die Fliege in das Glas, das 00Josef in der Hand hält. »Jedenfalls, Kinder, hat alles zum bestmöglichen Ende geführt.« Mit der Hand macht er eine Grußbewegung und geht leicht hinkend hinaus.

Der Oberstkommandierende steht neben seinem Schreibtisch und versucht, eine Fliege zu fangen, die sich auf seinem Lampenschirm niedergelassen hat.

»Verdammte Teufelsdinger!« flucht er.

»Geben Sie acht mit ihren ungeschickten Händen«, schreit der Professor, der auf eine andere, auf dem Vorhang sitzende Fliege Jagd macht, »seien Sie ein wenig zarter, sonst zerdrücken Sie sie!«

Ich höre, daß sich eine der Türen öffnet.

»Wie viele sind es?« fragt der Professor.

»Dreißig«, sagt 00Josef nach beendeter Zählung.

»Dann fehlen nur noch zwei, mein Bester«, sagt der Professor.

»Gottseilobunddank, daß alles zu Ende ist, Papa!«

Ich schaue, von wem diese Stimme kommt, und muß meine Augen mindestens zehnmal auf- und zumachen, bis das Objektiv auf die richtige Sehschärfe eingestellt ist.

Das Mädchen da vor mir ist tausendmal schöner als alle schönen Geschöpfe, die ich in meinem Leben gesehen habe. Sie hat lila Augen und honigfarbene Haare, aber ich habe nicht die Absicht, Sie mit der Schilderung aller Details scharf zu machen. Sie schaut nicht mich an, sondern 00Josef, und schenkt ihm eines von diesen Lächeln, für die nicht einmal Dante Alighieri die richtigen Worte gefunden hätte.

Sie legt zwei Händchen zu je fünf Fingern auf 00Josefs Schultern und stellt sich auf die Zehenspitzen.

»Du warst einfach wunderbar!« sagt sie.

Ich klopfe ihr mit meinem Zeigefinger auf die Schulter. »Hör zu, mein Schatz«, sage ich, »wunderbar kannst du zu mir sagen, vor allem weil ich der Boß bin und der da eine Frau und ein Dutzend Kinder hat!«

»Ein halbes«, sagt 00Josef.

Sie dreht sich nach mir um und schafft es sogar, ihre lila Prachtaugen noch weiter aufzureißen.

Dann nimmt sie ihre Händchen von 00Josefs Schultern und legt sie auf die meinigen.

»Chico Pipa!« seufzt sie, »ich stehe tief in Ihrer Schuld!«

Sie klettert an mir hoch, bis sie sich auf meinen Mund stützen kann, und ich beginne mein Honorar einzuheimsen.